Notre projet final

Faire une enquête
sur les usages
des technologies

Dans cette unité, nous allons...

- demander et donner des renseignements
- communiquer par téléphone
- donner notre avis

Photos en ligne : fais attention !

Papier ou écran ?

1 Tu préfères quoi ?

 A. Observe ces photos. Reconnais-tu ces documents ? Associe deux objets / outils à chaque fonction.

lire un roman	écrire à quelqu'un	noter un rendez-vous

 B. Est-ce que tu utilises ces objets ou ces outils ?

- *Oui, je lis des livres imprimés et des livres numériques.*

 C. Lis la conversation entre Mélanie et Sara. Préfèrent-elles s'appeler par Skype ou se téléphoner ?

> Coucou Mélanie ! Tu es libre ? Je peux t'appeler ?
> 15:11 ✓✓

> Salut Sara ! Oui, si tu veux. Je ne fais rien de spécial.
> 15:12 ✓✓

> Je t'appelle sur Skype ou sur ton téléphone ? Tu préfères quoi ?
> 15:14 ✓✓

> Je préfère le téléphone. Ça ne t'embête pas ?
> 15:16 ✓✓

> Non, non. Ça m'est égal. 🙂
> 15:16 ✓✓

> Cool ! À tout de suite ! 😋
> 15:17 ✓✓

 D. Et toi, qu'est-ce que tu préfères ? À deux, demandez-vous si vous avez une préférence (ou pas) pour les actions suivantes.

recevoir une lettre ou recevoir un mail

écrire à la main ou taper à l'ordinateur

lire un magazine imprimé ou une revue en ligne

aller au cinéma ou regarder une vidéo

faire un appel vidéo ou un appel téléphonique

- *Tu préfères recevoir un mail ou recevoir une lettre ?*
- *Ça m'est égal : les deux sont bien.*

2 Internet et moi

A. Réponds à ce questionnaire tiré d'une enquête sur les pratiques des jeunes internautes.

Est-ce que tu utilises Internet pour faire les actions suivantes ?

- ☐ appeler des proches
- ☐ envoyer et recevoir des mails
- ☐ échanger des messages (chatter)
- ☐ partager des photos
- ☐ lire ou écrire sur des forums
- ☐ chercher des informations
- ☐ écouter de la musique
- ☐ regarder des vidéos
- ☐ jouer à des jeux en ligne
- ☐ autre : ....

B. As-tu d'autres usages d'Internet ? Si oui, n'hésite pas à compléter le questionnaire.

C. Maintenant, écoute l'interview de Baptiste. Quelles sont les questions que lui pose la journaliste ? Est-ce que Baptiste utilise beaucoup Internet ?

Piste 01

D. En groupes, posez-vous les questions de la journaliste et répondez-y.

- ● Comment tu vas sur Internet ?
- ○ Je vais sur Internet avec une tablette.
- ◆ Moi non. Je vais sur Internet avec un ordinateur.

Nos outils

La préférence

- – Je **préfère** le téléphone.
- – Je **préfère** aller au cinéma.
- – **Ça m'est égal.**

L'alternative

- – Je t'appelle sur Skype **ou** sur ton téléphone ?
- – Tu préfères aller au cinéma **ou** regarder une vidéo sur l'ordinateur ?

Les interrogatifs (1)

- – Tu préfères **quoi** ?
- – **Est-ce que** tu utilises Internet ?
- – **Comment** tu vas sur Internet ?
- – Et tu te connectes **où** ?
- – Tu te connectes **combien** de fois par semaine ou par jour ?
- – **Pourquoi** ?

Avec ou *sans*

- – En général, je me connecte **avec** un ordinateur.
- – Je vis très bien **sans** Internet.

+ d'activités ▶ p. 18-19

1 Accros au portable ?

A. Lis cet article sur l'utilisation du téléphone portable et réponds par *Vrai* ou *Faux*.

Les ados suisses et leur mobile

Qui a un téléphone mobile ?

En Suisse, presque tous les jeunes de 12 à 19 ans ont un natel.

Quand utilisent-ils leur téléphone ?

Tous les jeunes qui ont un natel l'utilisent plusieurs fois par jour. Ils le regardent très souvent, sauf quand ils n'ont plus de batterie.

Où utilisent-ils leur téléphone ?

Les jeunes utilisent leur mobile partout sauf à l'école, quand ils sont en cours. Certains dorment avec leur téléphone et quelques adolescents le gardent même sous la douche !

Qu'est-ce qu'ils font avec leur mobile ?

Les jeunes Suisses qui ont un smartphone l'utilisent surtout pour :

1. Écouter de la musique
2. Aller sur Internet
3. Téléphoner
4. Faire des photos ou des films
5. Consulter des mails
6. Jouer
7. Lire les journaux
8. Écouter la radio.

Sont-ils accros au natel ?

En Suisse, 37 000 adolescents (soit un jeune sur 20) ont un problème de dépendance à leur téléphone. Utilise ton mobile avec modération !

Sources : Jeunes et Médias, Le Matin, RTS Infos, GREA

Voc +

Un téléphone personnel s'appelle...
- en Suisse : un mobile ou un natel
- en France : un portable
- eu Québec : un cellulaire ou un cell
- en Belgique : un GSM

	Vrai / Faux
Tous les adolescents suisses ont un smartphone.	V F
Certains jeunes se douchent avec leur téléphone.	V F
Ils utilisent leur mobile même quand ils n'ont plus de batterie.	V F
Beaucoup de jeunes écoutent de la musique sur leur portable.	V F
Certains adolescents sont dépendants de leur téléphone.	V F

B. Ensemble, décidez de trois questions sur l'utilisation du téléphone (fixe ou portable). Ensuite, pose-les individuellement à un camarade.

Est-ce que tu as un téléphone chez toi ?

C. Mettez les résultats en commun pour décrire les usages du téléphone dans la classe.

- *Dans la classe, tous les élèves ont un téléphone fixe à la maison.*

1

2 **Fixe ou mobile ?**

 A. Lis ces phrases. À quel type de téléphone correspondent-elles ? Classe-les dans le tableau.

Hello

> Allô ?

> Est-ce que je pourrais parler à Arthur, s'il vous plaît ?

I don't have batteries I'll have to hang up

> Je n'ai plus de batterie : ça va couper...

> T'es où ?

where are you

> Je te le passe.

I'll pass you

Can you call me back in 15 min

> Tu peux me rappeler dans un quart d'heure ?

Who is calling

> C'est de la part de qui ?

> Je ne t'entends pas bien : je suis dans le métro.

can't take landline in metro

> Je te rappelle.

landline   mobile phone   both

	téléphone fixe	téléphone mobile	les deux
Allô ?			x
			\

 B. Écoute la conversation entre Arthur et Chloé. Quelles sont les phrases qu'ils utilisent ?

Piste 02

C. À deux, jouez une conversation téléphonique devant la classe. Les autres doivent deviner quel est le téléphone utilisé par chaque personnage : fixe ou portable ?

● *Allô, bonjour. Est-ce que je peux parler à Diane ?*

○ *Oui, elle est dans le salon. Je te la passe.*

Nos outils

Les interrogatifs (2)

- **Qui** *a un téléphone mobile ?*
- *C'est de la part de* **qui** *?*
- **Quel** *type de mobile ?*
- **Quand** *utilisent-ils leur téléphone ?*
- **Où** *utilisent-ils leur téléphone ?*
- **Qu'est-ce qu'**ils font avec leur mobile ?*
- **Est-ce que** *je pourrais parler à Arthur, s'il vous plaît ?*
- **Pourquoi** *tu m'appelles sur le fixe ?*

Tou(te)s, certain(e)s, quelques, aucun(e)

- **Tous** *les jeunes qui ont un natel l'utilisent plusieurs fois par jour.*
- **Presque tous** *les jeunes de 12 à 19 ans ont un natel.*
- **Certains** *dorment avec leur téléphone et* **quelques** *adolescents le gardent même sous la douche.*
- *J'ai perdu tous mes contacts : il n'y a plus* **aucun** *numéro dans mon répertoire.*

Même et sauf

- *Certains dorment avec leur téléphone et quelques adolescents le gardent* **même** *sous la douche !*
- *Ils le regardent très souvent,* **sauf** *quand ils n'ont plus de batterie.*
- *Les jeunes utilisent leur mobile partout* **sauf** *à l'école, quand ils sont en cours.*

+ d'activités ▶ p. 18-19

Il y a un bug...

1 Je ne sais pas quoi faire

A. Lis les échanges sur ce forum. Quel est le problème ? Quelle est la solution proposée ?

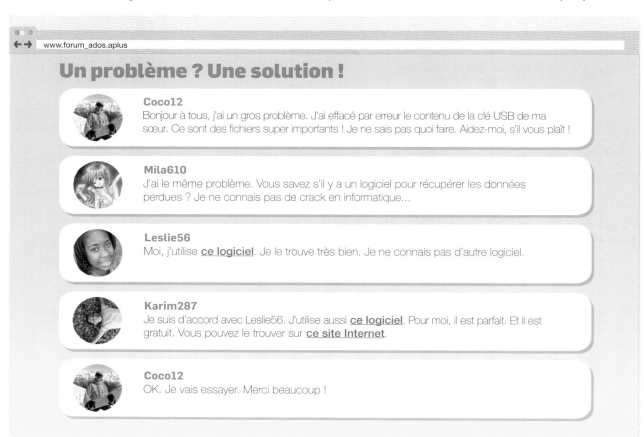

www.forum_ados.aplus

Un problème ? Une solution !

Coco12
Bonjour à tous, j'ai un gros problème. J'ai effacé par erreur le contenu de la clé USB de ma sœur. Ce sont des fichiers super importants ! Je ne sais pas quoi faire. Aidez-moi, s'il vous plaît !

Mila610
J'ai le même problème. Vous savez s'il y a un logiciel pour récupérer les données perdues ? Je ne connais pas de crack en informatique...

Leslie56
Moi, j'utilise **ce logiciel**. Je le trouve très bien. Je ne connais pas d'autre logiciel.

Karim287
Je suis d'accord avec Leslie56. J'utilise aussi **ce logiciel**. Pour moi, il est parfait. Et il est gratuit. Vous pouvez le trouver sur **ce site Internet**.

Coco12
OK. Je vais essayer. Merci beaucoup !

 B. *Savoir* ou *connaître* ? Place chaque étiquette dans l'une des deux bulles.

résoudre un problème

une solution

un logiciel

récupérer ses données

si le logiciel est gratuit

un site Internet

une personne

qui peut nous aider

**on sait...
on ne sait pas...**

**on connaît...
on ne connaît pas...**

 C. Et toi, est-ce qu'il t'arrive d'avoir des problèmes avec des ordinateurs, des téléphones, etc. ? Écris un problème sur un morceau de papier.

Chez moi, j'ai des problèmes de connexion à Internet. Le wifi ne marche pas bien.

 D. Mélangez tous les problèmes de la classe. Tirez chacun un papier au hasard. Posez des questions à vos camarades pour résoudre ce problème.

● *Est-ce que tu sais résoudre ce problème ?*

○ *Oui ! Je connais une solution !*

2 **Bons et mauvais côtés**

A. Lis ces opinions. Quels sont les avis positifs ? Quels sont les avis négatifs ? Quels sont les avis neutres ?

	Avis positif ☺	Avis neutre 😐	Avis négatif ☹
Je hais Internet.			
C'est génial, Internet !			
Je pense que c'est nul.			
Je trouve que c'est bien.			
Je ne sais pas.			
Ça a des bons et des mauvais côtés.			

🔊 Piste 03

B. Écoute cette conversation entre trois amis. Que pensent-ils d'Internet ?

Élodie   Yann   Nora

C. Et toi, es-tu d'accord avec Élodie, Yann ou Nora ? Parlez-en à deux.

● *Je ne suis pas d'accord avec elle : c'est nul, Internet.*

D. En groupes, faites une liste des bons côtés et des mauvais côtés d'Internet. Ensuite, mettez vos listes en commun pour avoir l'opinion de la classe.

Avec Internet, on peut avoir des amis partout dans le monde.

Nos outils

Présent de l'indicatif et futur proche (rappel)

- **Présent de l'indicatif**
  - *J'ai* un gros problème.
  - *Ce sont* des fichiers importants !
  - *J'utilise* ce logiciel.
- **Futur proche**
  - *Je vais essayer*.
  - *On va* lui *demander*.

Savoir et *connaître*

- **Savoir**
  - *Je ne **sais** pas quoi faire.*
  - *Vous **savez** s'il y a un logiciel pour récupérer les données perdues ?*
- **Connaître**
  - *Je ne **connais** pas de crack en informatique...*
  - *Je ne **connais** pas d'autre logiciel.*

Donner son opinion

- ***Pour moi**, il est très bien.*
- *Je le **trouve** très bien.*
- *Je suis **d'accord avec** toi.*
- *Je **pense** que c'est nul.*
- ***Je ne sais pas.***

+ d'activités ▶ p. 18-19

Plus d'activités sur
espacevirtuel.emdl.fr

1 Les interrogatifs

On utilise...	... dans une question sur...	Exemple
Qui	une ou plusieurs personnes	— Tu téléphones **à qui** ?
Quoi ou **Qu'est-ce que**	une chose, un évènement, une action...	— Tu préfères **quoi** ? — **Qu'est-ce que** tu préfères ?
Où	un endroit, un lieu	— Allô ! T'es **où** ?
Quand	un moment ou une période	— **Quand** est-ce que tu éteins ton téléphone ?
Pourquoi	une raison, une explication	— **Pourquoi** tu préfères les mails aux cartes postales ?
Comment	des moyens, des manières de faire	— **Comment** tu notes tes rendez-vous ?
Combien	une quantité, un nombre	— Tu as **combien** de chansons dans ton ordinateur ?

! Les interrogatifs peuvent se placer avant ou après le groupe verbal, sauf **quoi** qui est toujours à la fin et **qu'est-ce que** qui est toujours au début de l'interrogation.
— **Comment** tu te connectes ? = Tu te connectes **comment** ?
— **Qu'est-ce que** tu lis en ligne ? = Tu lis **quoi** en ligne ?

! Quand l'interrogatif est en début de phrase, ou dans une question sans interrogatif (réponse par *oui* ou par *non*), on ajoute souvent **est-ce que**, mais il n'est pas indispensable : il peut être supprimé.
— **Est-ce que** vous venez ? = Vous venez ?

A. Retrouve la question correspondant à chaque réponse.

1. Je ne sais pas. Je n'ai pas compté.
2. Je suis à la gare. Je te rappelle plus tard.
3. La nuit et dans la journée, quand je suis en cours et quand je vais au cinéma.
4. Je préfère les livres imprimés. Les livres numériques me font mal aux yeux.
5. Parce que je peux envoyer mes propres photos de vacances.
6. Je téléphone à Nawal.
7. J'ai deux agendas : un agenda papier et un agenda numérique.

B. À deux, posez-vous chacun 3 questions sur une activité de loisirs que vous aimez, et répondez-y. Attention ! Vous ne pouvez pas reprendre un interrogatif qui a déjà été utilisé.

2 Adjectifs et pronoms indéfinis

Tous, **certains** et **aucun** indiquent une quantité de choses ou de personnes par rapport à un ensemble. Ils s'accordent avec le nom qu'ils précèdent ou qu'ils remplacent.

Tous et **toutes** désignent la totalité de l'ensemble.
— Il regarde **tous** les blogs de sport et il lit **toutes** les interviews.

Certains ou **certaines** désigne une partie seulement de l'ensemble.
— **Certaines** chaînes de vidéo sont très regardées.
— **Certains** modèles de smartphone sont très chers.

Aucun ou **aucune** signifie « zéro » : « pas un seul » élément ou « pas une seule » personne de l'ensemble.
— Je n'ai **aucune** connexion, **aucun** moyen de regarder mes mails.

Quelques désigne une petite quantité de l'ensemble. Il est invariable et toujours placé avant le nom.
— Je connais **quelques** bon sites d'information en français : www.lemonde.fr, RFI, TV5 Monde...

C. Complète les phrases suivantes avec *tou(te)s*, *certain(e)s*, *quelques* ou *aucun(e)*.

1. Je n'ai ... problème de connexion.
2. ... vidéos de cette chaîne sont très intéressantes.
3. J'ai trouvé ... conseils sur un forum en ligne.
4. ... les options de ce logiciel sont gratuites.
5. Je vais ajouter ... amis dans notre groupe.
6. ... smartphones sont très chers.
7. Je connais ... les blogs sur ce thème.
8. Je n'ai essayé ... de ces logiciels.

3 *Avec* ou *sans*

Avec et **sans** permettent de préciser comment on fait quelque chose ou si on a quelque chose.

Avec veut dire « qui a », « en compagnie de », « en présence de » ou « au moyen de ».

— ***Avec*** *ma cousine, on joue à des jeux en ligne.*
— *Je préfère aller sur Internet **avec** une tablette.*

Au contraire, **sans** signifie « en l'absence de » ou « qui n'a pas ».

— *J'ai un téléphone **sans** connexion à Internet.*
— *J'ai trouvé une solution **sans** l'aide de mon frère.*

D. À deux, dites quelles sont les choses dans la liste ci-dessous qu'on peut faire avec Internet, sans Internet ou les deux.

1. Faire du sport.
2. Publier une photo en ligne.
3. Discuter avec ses amis.
4. Envoyer un mail.
5. Écouter de la musique.
6. Faire la fête.

4 *Savoir* et *connaître*

Savoir et **connaître** (on peut aussi l'écrire **connaitre**, sans accent circonflexe) ont des sens très proches, mais ils ne s'emploient pas de la même façon.

Savoir s'utilise pour dire « avoir une information » ou pour parler d'une compétence, d'un savoir-faire. **Savoir** est donc souvent employé avant un verbe à l'infinitif, une proposition introduite par *qui*, *que*, *où* ou un adverbe (*comment*, *pourquoi*, etc.).

— *Elle **sait** créer des applications pour les smartphones.*
— *Je ne **sais** pas qui c'est.*

Connaître, c'est être familier avec quelqu'un ou quelque chose : cette personne ou cette chose n'est pas nouvelle pour moi. Juste avant un nom propre ou un groupe nominal, on utilise donc **connaître**.

— *On **connaît** ce site, on va souvent le consulter.*
— *Je ne **connais** personne dans ce groupe.*

E. Complète les phrases suivantes avec *savoir* ou *connaître*.

1. Ils ... tout faire : réparer les ordinateurs, créer des logiciels, lancer des sites, etc.
2. Tu ... Jeanne ? Elle a un blog génial sur la Martinique !
3. Je ... qu'il arrive demain, il m'a envoyé un message pour me le dire.
4. Vous ... ce réseau social ? Il est très bien.
5. Je ... toutes les blogueuses de ce site.

F. Écris 2 actions que tu sais faire avec Internet et le nom de 2 sites que tu connais. Compare tes savoir-faire et tes connaissances et avec un camarade.

5 *Sauf* et *même*

On utilise **sauf** pour exclure, écarter un élément d'un ensemble.

— *Mon téléphone, il fait tout, **sauf** mes devoirs...*
— *On ne sait pas utiliser cet ordinateur, **sauf** Lydia qui est une crack en informatique.*

On utilise **même** pour inclure, ajouter un élément dans un ensemble, souvent avec une pointe de surprise ou d'insistance.

— *Dans ma famille, on est tous accros aux technologies, **même** ma grand-mère.*

G. Retrouve la fin de chaque phrase.

1. Il veut tout changer sur son site...
2. On regarde tous nos téléphones...
3. On participe tous au groupe...

a. ... sauf Alex qui regarde les étoiles.
b. ... même Laurine qui n'aime pas les réseaux sociaux.
c. ... même les photos de la première page.

Phonétique Les sons [i] et [e/ɛ]

Piste 04

A. Écoute les phrases. Quel son entends-tu en premier ?

[i] comme dans *ordinateur*

[e/ɛ] comme dans *Internet*

1	2	3	4
[i] ou [e/ɛ]	[i] ou [e/ɛ]	[i] ou [e/ɛ]	[i] ou [e/ɛ]

B. À deux, dans l'unité, cherchez 3 mots ou noms qui contiennent le son [i] et le son [e/ɛ], comme « *Élodie* ». Entraînez-vous à les prononcer.

MAG.COM
LES DANGERS D'INTERNET

Internet est un outil de communication extraordinaire, mais il n'a pas que des bons côtés. Courriers indésirables, fausses nouvelles, piratage de comptes en banque, cyberharcèlement, vols d'identité, appels à la haine et la violence... Autant d'actions et de contenus toxiques qui passent par Internet. Protège-toi !

200 MILLIARDS

C'est le nombre de messages indésirables (pourriels ou spams) envoyés chaque jour dans le monde.

50 000

C'est le nombre de personnes qui, en une heure seulement, reçoivent des messages mensongers sur leur compte de réseau social.

Les dangers

Lis les chiffres présentés dans cette double-page. Connais-tu ces 3 dangers d'Internet ?

Pour faire attention

Quel titre va avec chaque avertissement ?

a. Courrier indésirable

b. Rumeurs et fausses informations

c. Photos volées

1. Ne crois pas toutes les nouvelles que tu reçois. Vérifie les informations que tu reçois sur des sites de médias sérieux.

2. Sois prudent quand tu postes une information te concernant, une photo de toi ou d'un proche, même sur ton compte privé.

3. N'ouvre pas les messages qui ressemblent à des spams ou pourriels. Si tu en ouvres un par erreur, ne réponds jamais et ne clique jamais sur les liens.

EN LIGNE, FAIS ATTENTION !

Quels sont les autres risques liés à Internet ? Faites des recherches pour présenter un risque à la classe.

80 %

C'est la part de photos postées sur les réseaux sociaux par des adolescents qui seraient récupérées sur d'autres sites.

1 La vidéo

Regarde cette vidéo et réponds aux questions.

a. De quel type de vidéo s'agit-il ?

☐ Une vidéo de prévention.

☐ Un court-métrage romantique.

☐ Une publicité pour un réseau social.

2 Le message

a. Quel est le message de cette vidéo ?

☐ Les photos que tu postes sur les réseaux sociaux sont accessibles à tes amis.

☐ Les photos que tu postes sur les réseaux sociaux sont très difficiles à effacer.

b. Quel est le problème de la jeune fille ?

☐ Elle ne peut pas effacer la photo qu'elle a postée.

☐ Elle est harcelée sur Internet.

c. À ton avis, que font les autres élèves avec sa photo ? Pourquoi la photo réapparaît-elle toujours ?

3 Se protéger

Comment éviter d'avoir le même problème ? Échangez des conseils pour vous protéger sur Internet.

Photos en ligne : fais attention !

Notre projet final

Faire une enquête sur les usages des technologies

Astuce +

Préparez des questions variées : des questions auxquelles on répond par oui ou par non, des questions à choix multiples avec des cases à cocher, des questions ouvertes dont la réponse est libre, etc.

1. Le questionnaire

- ▶ Nous formons des groupes et nous répartissons entre ces groupes les outils sur lesquels nous voulons enquêter : télévision, téléphone, ordinateur, tablette, etc.
- ▶ Dans chaque groupe, nous discutons de ce que nous voulons savoir grâce à notre enquête. Nous écrivons les questions qui correspondent à ces objectifs.
- ▶ Nous choisissons les questions qui nous semblent les plus intéressantes.
- ▶ Nous décidons de l'ordre dans lequel nous allons poser nos questions.

2. L'enquête

- ▶ Nous posons nos questions à des camarades des autres groupes.
- ▶ Nous notons les réponses de chaque personne.

3. La mise en commun

- ▶ Nous comparons les réponses et nous résumons les résultats de chaque question en une phrase.
- ▶ Nous présentons les résultats de notre partie de l'enquête à la classe.

Conseils pratiques

Vous pouvez présenter vos résultats sur des affiches, des feuilles A4, des fichiers informatiques ou réaliser un diaporama.

ET MAINTENANT...

Observez les résultats de l'enquête. Quels sont les usages technologiques de la classe ?

Toute la vie

Notre projet final

Dessiner la vie d'un personnage fictif ou d'une célébrité

Dans cette unité, nous allons...

- comprendre et réaliser une interview

- utiliser le vouvoiement et le tutoiement

- évoquer des actions et des événements passés

- parler d'un souvenir ou d'un oubli

Le « Draw my life » de Natacha

Lignes de vie

1 Un héros inconnu

A. Lis cette interview. Pourquoi Saïd Darkal est-il un héros pour le journaliste ?

BELGIQUE INFO   Héros inconnus

SAÏD DARKAL

Entraîneur de basket en fauteuil roulant

Le héros inconnu de cette semaine est Saïd Darkal. Handicapé par un accident de voiture, il a fait une très belle carrière de joueur de basket. Il entraîne aujourd'hui une équipe de jeunes handicapés à Liège.

Comment avez-vous découvert le basket ?
J'ai grandi à Bruxelles, dans une famille modeste. À sept ans, pour mon anniversaire, mes parents m'ont offert un ballon de basket. J'ai commencé à jouer au basket avec ma sœur. C'est elle qui m'a appris à jouer.

Vous avez eu un accident très jeune...
Oui, une semaine avant d'avoir dix-neuf ans, j'ai été renversé par une voiture et j'ai passé un mois dans le coma. Ensuite, j'ai fait de la rééducation pendant deux ans. Ça n'a pas été facile de m'habituer au fauteuil, mais j'ai réussi à retrouver une vie normale. Aujourd'hui, je suis très heureux.

Mais vous avez continué à jouer au basket.
Oui, le sport m'a beaucoup aidé. J'ai découvert une nouvelle façon de jouer. J'ai intégré une nouvelle équipe. Nous avons gagné des compétitions. J'ai repris confiance en moi et j'ai trouvé l'amour aussi...

Et maintenant, vous entraînez une équipe de jeunes handicapés…
Exactement. J'entraîne une équipe de quinze jeunes en fauteuil. Ils sont extraordinaires ! Ils ont une énergie incroyable. D'ailleurs, ils vont participer aux prochains Jeux paralympiques.

Comment voyez-vous votre avenir ?
Je veux créer une association pour encourager les non-handicapés et les handicapés à faire du sport ensemble. En dehors des compétitions, il n'y a pas de raison de jouer séparément Après, à soixante-dix ou soixante-quinze ans, je vais regarder les matchs de basket à la télé, comme un bon retraité !

Merci d'avoir répondu à nos questions et bonne chance à votre équipe !
Merci à vous. C'était un plaisir.

 B. À quel moment de la vie passée ou future de Saïd correspond chaque phrase ?

| l'enfance | Il va prendre sa retraite. |

| l'adolescence | Il est entraîneur de basket en fauteuil. |

| l'âge adulte | Il a commencé à jouer au basket. |

| la vieillesse | Il a eu un accident de voiture. |

 C. Saïd Darkal a raconté quelques moments de sa vie. Écris une autre question que tu pourrais lui poser.

Est-ce que vous avez déjà participé aux Jeux olympiques ?

 D. En groupes, réunissez vos questions et imaginez les réponses.

• *Oui, j'ai participé aux Jeux paralympiques de Londres en 2012.*

2

2 J'ai découvert ma vocation

 A. Regarde ces photos. Quelle est la profession de ces personnes ?

| étudiante en musique | reporter de guerre | vétérinaire |

Nos outils

Le passé composé avec *avoir*

– J'**ai grandi** à Bruxelles.
– Ça **a été** très dur.
– Ça **n'a pas été** facile.
– Nous **avons gagné** des compétitions.
– Mais vous **avez continué** à jouer au basket.

Le vouvoiement

– **Vous avez** souvent peur ?
– Comment **avez-vous** découvert le basket ?
– Comment **voyez-vous votre** avenir ?
– Qu'est-ce qui **vous** a plu dans ce métier ?
– Bonne chance à **votre** équipe !

Commencer (à), continuer (à)

– Vous avez **commencé** très jeune ?
– J'ai **commencé à** jouer au basket avec ma sœur.
– Mais vous avez **continué à** jouer au basket.
– Ça a été très dur, mais je n'ai pas arrêté : j'ai **continué**.

+ d'activités ▶ p. 30-31

 B. Écoute cette interview. Qui est l'invité(e) ? Retrouve les dates de trois étapes marquantes de son parcours.

Piste 05

En 1999	Elle a été blessée.
En 2006	Une famille lui a sauvé la vie.
En 2014	Elle a fait son premier reportage de guerre.

 C. À deux, choisissez une des deux autres photographies et imaginez une interview sur sa vie.

– *Quand avez-vous commencé à jouer de la musique ?*
– *J'ai commencé très jeune, à six ans.*

 D. Jouez l'interview devant la classe. Les vies inventées par chaque groupe sont-elles très différentes ?

Voc +

Remercier
• Merci.
• Merci beaucoup !
• Je vous remercie.

Répondre aux remerciements
• De rien.
• Merci à vous.
• Service ! (en Suisse)

Dessine ta vie !

1 Ma vie en dessins

 A. Sarah a dessiné les moments importants de sa vie. Retrouve la légende qui correspond à chaque dessin.

Mes frères et moi, on est allés en Italie l'été dernier.

J'ai rencontré Ahmed, mon meilleur ami, à l'école primaire.

À neuf ans, je suis devenue accro aux bandes dessinées. C'est ma passion !

Je suis née à Grenoble, en France, en 2003.

À six ans, j'ai fait du ski pour la première fois.

Mes deux frères sont nés en 2005... Eh oui, ils sont jumeaux !

 B. Dessine quatre événements de ta vie. Sur des feuilles séparées, écris une phrase pour expliquer chaque événement.

Je suis né à Buenos Aires, en Argentine.

 C. À deux, échangez vos dessins et vos phrases. En associant les dessins et les phrases, reconstitue la vie dessinée de ton camarade.

● *Tu es né à Buenos Aires, en Argentine.*

2 Est-ce que tu as déjà... ?

Piste 06

A. Écoute cette conversation entre Clément, Sandra et Julien. À quoi jouent-ils ?

Piste 06

B. Écoute à nouveau la conversation et réponds par *Vrai* ou *Faux*. Attention aux mensonges !

	Vrai / Faux
Sandra a déjà mangé des insectes.	V F
Julien n'est jamais sorti de chez lui en pyjama.	V F
Clément a encore rêvé du collège.	V F
Clément n'a jamais rêvé d'aller au collège en pyjama.	V F

C. Écris trois expériences en mélangeant des expériences que tu as vécues et des expériences inventées.

1. J'ai déjà nagé dans une piscine de chocolat.

D. En groupes, lisez vos phrases à tour de rôle. Les autres doivent deviner si elles sont vraies ou fausses. Celui qui trouve juste gagne un point.

• *Moi j'ai déjà gagné un concours.*
○ *C'est vrai !*
• *Oui, c'est vrai : un concours de dessin dans mon ancienne école.*

Nos outils

Le passé composé avec *être*

– *Je* **suis née** *à Grenoble.*
– *Je* **suis venu** *vivre à Paris avec toute ma famille.*
– *Mes deux frères* **sont nés** *en 2005.*
– *Tu* **es allée** *en Thaïlande.*

Les adverbes de temps

• **Déjà**
– *Je suis* **déjà** *sorti dans la rue en pyjama.*
• **Jamais**
– *Clément ne fait* **jamais** *de rêves bizarres.*
• **Toujours**
– *Tu fais* **toujours** *des rêves bizarres, toi.*
• **Encore**
– *Clément a* **encore** *rêvé du collège.*

Non ? Si !

● *J'ai déjà mangé des insectes.*
○ **Non***, ce n'est* **pas** *vrai.*
● **Si***, c'est vrai !*

● *J'ai déjà gagné un concours.*
○ *C'est vrai.*
● **Oui***, c'est vrai !*

+ d'activités ▶ p. 30-31

1 Les collections

 A. Observe ces images et retrouve à quelle collection correspond chacune d'elles.

key chain	postage stamps	kite	hedgehogs
des porte-clés	**des timbres**	**des cerfs-volants**	**des hérissons**

pennies	words	postcards
des pièces de monnaie	**des mots**	**des cartes postales**

 Piste 07

B. Écoute ce micro-trottoir. Quels objets collectionne chaque personne ? À quel âge ont-elles commencé ou arrêté leur collection ?

La femme adulte

L'homme adulte

L'adolescente

a décidé de collectionner les mots

a commencé à collectionner les cerfs-volants

a arrêté de collectionner les hérissons

à quarante ans.

à douze ans.

à vingt-sept ans.

 C. Et toi ? Est-ce que tu as déjà fait une collection ? Ou est-ce que tu connais quelqu'un qui fait une collection ? Parlez-en à deux.

● *Moi, je collectionne les porte-clefs. J'ai commencé à 10 ans. Et mon meilleur ami, il collectionne les cerfs-volants.*

 D. Imagine que tu collectionnes les mots. Écris un mot en français que tu mettrais dans ta collection. En groupes, comparez vos choix.

Voc +

S'excuser

- Excuse-moi. / Excusez-moi.
- Pardon.
- Pardonne-moi. / Pardonnez-moi.
- Je suis (vraiment) désolé(e).

2

2 Souvenirs souvenirs

 A. Lis cet échange de messages entre Léo et ses amis. De quoi parlent-ils ?

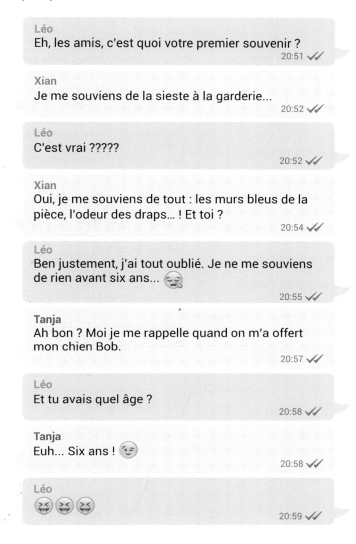

> **Léo**
> Eh, les amis, c'est quoi votre premier souvenir ?
> 20:51 ✓✓

> **Xian**
> Je me souviens de la sieste à la garderie...
> 20:52 ✓✓

> **Léo**
> C'est vrai ?????
> 20:52 ✓✓

> **Xian**
> Oui, je me souviens de tout : les murs bleus de la pièce, l'odeur des draps... ! Et toi ?
> 20:54 ✓✓

> **Léo**
> Ben justement, j'ai tout oublié. Je ne me souviens de rien avant six ans... 😔
> 20:55 ✓✓

> **Tanja**
> Ah bon ? Moi je me rappelle quand on m'a offert mon chien Bob.
> 20:57 ✓✓

> **Léo**
> Et tu avais quel âge ?
> 20:58 ✓✓

> **Tanja**
> Euh... Six ans ! 😉
> 20:58 ✓✓

> **Léo**
> 😆😆😆
> 20:59 ✓✓

 B. De quoi se souviennent Xian et Tanja ?

d'une personne   d'un lieu   d'un événement

d'une odeur   d'un goût   d'une chanson

C. Et toi, quel est ton premier souvenir (ou un de tes premiers souvenirs) ? Parlez-en à deux.

● Je me souviens très bien de la naissance de ma sœur.

○ Moi, je me rappelle le goût de ma première glace.

Nos outils

Arrêter (de), décider de

> – Oui mais *j'ai arrêté*.
> – *J'ai arrêté de* collectionner les hérissons l'année dernière.
> – *J'ai décidé de* collectionner des mots de plusieurs langues.

Madame, Monsieur

> – Excusez-moi **Madame**. Est-ce que vous faites une collection ?
> – Et vous, **Monsieur**, vous avez une collection ?

Les verbes de la mémoire

- **Se souvenir**
  - *Je me souviens de* la sieste à la garderie...
- **Se rappeler**
  - Moi *je me rappelle* quand on m'a offert mon chien Bob.
- **Oublier**
  - *J'ai* tout **oublié**.

Tout, quelque chose, rien

> – Je me souviens de **tout**.
> – Tu collectionnes **quelque chose** ?
> – Je ne me souviens de **rien**.

+ d'activités ▶ p. 30-31

Plus d'activités sur
espacevirtuel.emdl.fr

1 Le passé composé

Le passé composé permet de raconter un évènement qui a un début et une fin dans le passé. Il est composé de deux éléments : un auxiliaire (**avoir** ou **être**) + un participe passé.

— *Mon frère et moi, nous **avons passé** deux ans dans le Nord. Après, nous **sommes allés** vivre dans le Sud.*

Presque tous les verbes se conjuguent avec l'auxiliaire **avoir** au présent + un participe passé

— *Ils **ont gagné** plusieurs matchs.*

> **!** Avec l'auxiliaire **avoir**, on n'accorde pas le participe passé avec le sujet.

— *Elle **a réalisé** des reportages dans des pays très différents.*

Certains verbes se conjuguent avec l'auxiliaire **être** :

• des verbes qui indiquent un changement de lieu ou d'état : *arriver / partir - monter / descendre - aller / (re)venir - tomber - sortir / (r)entrer - passer - retourner - rester - naître / mourir - apparaître*

• les verbes pronominaux : *se lever, se souvenir, se marier...*

> **!** Avec l'auxiliaire **être**, on accorde le participe passé avec le sujet.

— *Ils <u>sont</u> venu**s** habiter avec nous.*

Les participes passés :
Le participe passé se construit à partir de l'infinitif du verbe.
Les verbes en **–er** forment leur participe passé en **–é**.

commencer → *j'ai commenc**é***

PARTICIPES EN –i	PARTICIPES EN –is	PARTICIPES EN –it
*Nous avons grand**i**.*	*J'ai pr**is** le train.*	*J'ai écr**it** à Léa.*
*Ils ont grand**i**.*	*Tu as compr**is**.*	*Il a d**it** oui.*

A. Conjugue les verbes entre parenthèses au passé composé. N'oublie pas d'accorder le participe passé quand c'est nécessaire !

Jeanne (naître) ... à Lyon. Elle (grandir) ... à Lille. Elle (faire) ... ses études à Bordeaux. Après, elle (déménager) ... à Paris. Elle (partir) ... souvent en vacances en Allemagne. Il y a deux ans, elle (revenir) ... à Lyon où elle (trouver) ... du travail.

B. Raconte à un camarade une journée, un weekend ou des vacances, en expliquant ce que tu as fait.

C. À deux, écrivez la vie d'une personne célèbre, en indiquant sa naissance, son enfance, ses débuts professionnels, les événements importants de sa vie.

2 Vouvoiement et tutoiement

On peut utiliser **tu** ou **vous** pour s'adresser à quelqu'un. **Vous** marque une distance et **tu** marque une proximité, dans les âges ou dans les relations.

— *Bonjour Monsieur, comment **vous vous** appel**ez** ?*

— ***Tu** es la sœur de Karim ? **Tu t'**appell**es** comment ?*

On dit **vous**	- aux adultes qu'on ne connaît pas (dans la rue, dans un magasin...) - aux adultes qu'on ne connaît pas bien (une voisine, le père d'un camarade...) - aux adultes qu'on connaît bien dans des contextes scolaires ou de travail (un professeur, un médecin...)
On dit **tu**	- aux enfants - aux adolescents - aux adultes qu'on connaît bien (la famille, les amis...)

D. Lis les phrases suivantes. Indique, dans chaque situation, si la personne qui parle vouvoie ou tutoie l'autre.

1. Un adolescent envoie un message à un ami.
2. Une adolescente achète une place de cinéma.
3. Une femme médecin parle à un adolescent.
4. Un jeune demande son chemin à un adulte dans la rue.
5. Un père demande à sa fille comment a été sa journée.

E. À deux, choisissez une situation où au moins une personne vouvoie l'autre. Jouez la scène devant la classe. Attention ! Les personnes tutoyées peuvent vouvoyer, et inversement.

3 *Oui* et *si*

Oui et **si** sont tous les deux des contraires de **non**, mais ils ne s'utilisent pas dans les mêmes situations. Pour répondre positivement à une phrase affirmative, on utilise **oui**. Mais pour répondre positivement à une phrase négative, on utilise **si**.

● *Tu as lu l'interview de Carole Alesi ?*
○ **Oui***, ce matin, dans le métro.*

● *Tu n'as pas vécu à Bruxelles.*
○ **Si***, quand j'étais petit.*

F. À deux, posez-vous les questions suivantes. Répondez par *oui*, *non* ou *si* et justifiez votre réponse.

1. Tu joues d'un instrument ?
2. Tu veux devenir vétérinaire ?
3. Tu n'es pas dans ma classe de français ?
4. Tu regardes des reportages ?
5. Tu n'as pas de frères et sœurs ?
6. Tu ne fais pas de sport tous les jours ?

4 Les adverbes de temps

	avec le **passé composé**	avec le **présent** de l'indicatif
Déjà	au moins une fois avant le moment où on parle — *Je suis déjà allée en Italie.*	maintenant (exprime la surprise, l'admiration ou la déception) — *Oh non, c'est déjà l'hiver...*
Jamais	pas une seule fois dans le passé — *Je n'ai jamais fait de ski.*	à aucun moment de sa vie actuelle — *Il ne vient jamais skier avec nous.*
Encore	une autre fois, une nouvelle fois — *Elle m'a encore offert un jeu vidéo.*	une action qui continue ou un état qui dure (= *toujours*) — *On est encore au début du jeu.*
Toujours	dans la totalité du temps dont on parle — *Ils ont toujours été amis.*	une action qui continue, un état qui dure (= *encore*) — *C'est toujours mon meilleur ami.* ce qui arrive tout le temps — *On se voit toujours le samedi.*

G. Complète les phrases suivantes avec *déjà*, *jamais*, *encore* ou *toujours*.

1. – As-tu ... rencontré une personne célèbre dans la rue ? – Non, ...
2. J'ai ... adoré le violoncelle ; c'est ma passion.
3. Elle a ... risqué sa vie, cette année. Elle fait un métier dangereux.
4. Je n'ai ... oublié mes amis de l'école primaire.
5. Tu as ... perdu tes clefs ? Tu perds ... tout !

H. Raconte à un camarade...

1. une chose que tu as déjà faite.
2. une chose que tu ne fais jamais.
3. une chose que tu fais encore.
4. une chose que tu as toujours faite.

5 *Tout, quelque chose, rien*

Tout, **quelque chose** et **rien** désignent des éléments indéfinis, non précisés.

Tout désigne l'ensemble des choses dont on parle.
— *Moi, j'oublie **tout** : j'ai encore oublié mes clefs.*

Quelque chose remplace le nom d'un être, un objet, un événement, un élément ou une action.
— *Elle te rappelle **quelque chose**, cette carte postale ?*

Rien signifie « aucune chose ».
— *Je n'ai pas vu sa collection ; il ne m'a **rien** montré.*

I. Complète les phrases suivantes avec *tout*, *quelque chose* ou *rien*.

1. – Tu as trouvé ... pour compléter ta collection ? – Non, ... !
2. – Il ne vous manque ... pour le match de demain ? – Non, c'est bon, on a ... !
3. Raconte-moi ... . Un souvenir de ton enfance, par exemple.
4. Il lui est arrivé ... qui a changé sa vie.

Phonétique Les nasales [ã] et [õ]

Écoute ces phrases. Quel est le tout dernier mot de chacune ?

Piste 08

1	2	3	4
passion	volants	blonds	messages
patient	voulons	blancs	mensonges

[ã] comme dans **en**core

[õ] comme dans **non**

MAG.COM LES NOUVELLES STARS DU NET

C'est avec une caméra de smartphone et beaucoup de choses à dire que ces jeunes ont commencé à faire des vidéos, souvent dans leur chambre. Ils partagent des informations, des conseils et des opinions sur des thèmes très différents : l'actualité, le maquillage, les jeux vidéo, la littérature, etc. Les humoristes ont aussi un très grand succès. Les vlogueurs (contraction de « vidéo blogueurs ») sont devenus les stars d'Internet.

NINE GORMAN

Nine a grandi dans le Sud de la France. Elle est devenue très populaire en conseillant des romans dès 2011. Son blog et ses vidéos ont donné envie de lire de la littérature fantastique et de la science-fiction à des milliers de jeunes. Elle écrit des contes et des poèmes. Elle s'intéresse aussi au cinéma et aux séries télévisées.

THOMAS GAUTHIER

Thomas Gauthier est né à Montréal. Il s'est lancé dans la réalisation de vidéos en 2010. C'est son humour qui l'a rendu célèbre. Il est très apprécié pour ses listes amusantes et ses questions absurdes. Sa vidéo « Les 10 lois les plus bizarres de notre monde » a reçu un million et demi de visites sur Youtube.

a. Qui sont les vlogueurs ? Que font-ils ?

b. Quels sont les thèmes qui les intéressent ?

c. Comment ces trois jeunes sont-ils devenus des stars ?

d. Parmi ces vlogueurs, lequel aimerais-tu suivre ? Pourquoi ?

VLOGUEURS ET VLOGUEUSES

Connais-tu d'autres vlogueurs et vlogueuses, dans ton pays ou ailleurs ? Fais des recherches sur Internet pour en présenter un à tes camarades.

DANY CALIGULA

Étudiant en philosophie, Dany Caligula a créé le site *Solitude(s)* en 2012. Dans ses vidéos, il encourage le débat, l'échange d'idées et le partage de savoirs. Ses chroniques parlent de grands thèmes comme les médias, le bonheur, le travail, la liberté de penser, l'amour, etc. Il a réussi à montrer que la philosophie peut être drôle et passionnante.

1 Le support

Regarde le « Draw my life » de Natacha et réponds aux questions.

a. Quel matériel utilise-t-elle pour dessiner sa vie ?

☐ Un tableau et des feutres.

☐ Un logiciel de dessin.

☐ De la peinture et du papier.

b. Comment a-t-elle choisi de commenter ses dessins ?

☐ Avec une voix off.

☐ Avec des phrases écrites.

☐ Avec des bulles de bande dessinée.

2 Les étapes de la vie

a. Quels sont les trois étapes importantes de sa vie, selon la vidéo ?

b. À ton avis, quel âge a-t-elle au début de la vidéo ? Au milieu ? À la fin ?

c. Quelles époques de sa vie ne sont pas évoquées dans la vidéo ?

3 Avant, pendant et après

En groupes, imaginez 3 événements de la vie de Natacha qui ne sont pas dans sa vidéo. Ces événements peuvent avoir lieu avant, pendant ou après les moments qu'elle a dessinés.

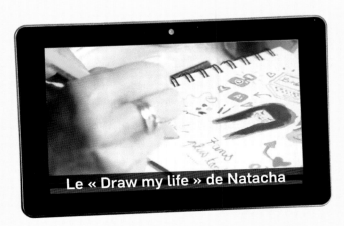

Le « Draw my life » de Natacha

0:32:33 1:20:55

Notre projet final

Dessiner la vie d'un personnage fictif ou d'une célébrité

Astuce +

Choisissez un nombre limité d'événements (entre 4 et 8) pour pouvoir soigner chaque illustration.

Vous pouvez aussi remplacer les dessins par des images imprimées ou découpées dans des magazines.

1. La biographie

▸ En groupe, nous choisissons un personnage fictif ou une célébrité que nous voulons présenter.

▸ Nous faisons des recherches pour avoir des informations sur sa vie (réelle ou imaginaire).

▸ Nous choisissons les événements que nous voulons illustrer : sa naissance, le(s) lieu(x) de son enfance, sa ou ses professions, ce qu'il a fait ou qu'il a vécu (voyages, découvertes, œuvres d'art, histoires d'amour, championnats...), etc.

2. Les dessins et légendes

▸ Nous décidons de l'ordre dans lequel nous allons présenter les événements.

▸ Nous réalisons un dessin par événement, en choisissant des symboles ou des images qui illustrent clairement cet événement.

▸ Nous rédigeons une phrase courte par événement.

3. La présentation

▸ Nous mettons les dessins et les légendes dans l'ordre que nous avons choisi.

▸ Nous présentons oralement la vie dessinée de notre personnage à la classe, en ajoutant d'autres informations si besoin.

Conseils pratiques

Cette vie dessinée peut prendre la forme d'une affiche, une bande dessinée, une frise, un tableau blanc, etc.

Vous pouvez filmer la présentation de vos dessins, pour la transformer en vidéo que vous projetterez devant la classe.

ET MAINTENANT...
Organisez une exposition de vies dessinées mélangeant personnages réels et fictifs.

Teste tes connaissances !

Lis les phrases et choisis la bonne réponse. Puis compare avec un camarade.

1 – Tu parles à ... ?
a. qui
b. quoi
c. quand

2 – ... tu ne cherches pas la solution sur Internet ?
a. Comment
b. Qu'est-ce que
c. Pourquoi

3 – ... tu fais ?
a. Quel
b. Qu'est-ce que
c. Quoi

4 – Tu fais .... ?
a. quel
b. qu'est-ce que
c. quoi

5 – Je n'ai reçu ... message.
a. certains
b. aucun
c. quelques

6 – Je connais ... sites pour regarder des films en français.
a. souvent
b. quelques
c. tous

7 – J'ai perdu ... les photos de mon téléphone.
a. certaines
b. quelques
c. toutes

8 – C'est très bien de passer une journée ... smartphone.
a. par
b. sauf
c. sans

9 – Tu ... une application pour apprendre le français ?
a. connais
b. connaît
c. sais

10 – Ils ... réparer un ordinateur.
a. connaissent
b. connaît
c. savent

11 – Vous ... voyagé dans toute l'Europe.
a. avez
b. avons
c. ont

12 – Elles sont ... au cinéma.
a. allé
b. allée
c. allées

13 – Il ... tombé de vélo.
a. as
b. est
c. ont

14 – Tu as ... un message à tes parents ?
a. envoie
b. envoyée
c. envoyé

15 – Bonjour Monsieur, ... bien ?
a. il va
b. tu vas
c. vous allez

16 – Tu ne pars pas demain ?
– ..., à 11h.
a. Oui
b. Non
c. Si

17 – Je vais arriver trop tard, j'ai ... dix minutes de retard.
a. jamais
b. déjà
c. toujours

18 – Pour les vacances, nous allons ... en Bretagne.
a. très
b. hier
c. toujours

19 – Attends une minute, j'ai oublié .... dans ma chambre.
a. quelque chose
b. tout
c. rien

20 – Tu es sûr que tu ne veux ... ?
a. quelque chose
b. tout
c. rien

Note :   /20

Les logiciels libres

Comme l'encyclopédie Wikipedia, les logiciels libres appartiennent au mouvement international de la « culture libre », pour le partage universel des connaissances et des outils informatiques.

1 Sais-tu ce qu'est un logiciel libre ? Lis la définition et coche les particularités d'un logiciel libre.

```
// /&preload=/

if ( !wgPageName.match(/Discussion.*\/Traduct:
var diff = new Array();
var status; var pecTraduction; var pecRelectu:
var avancementTraduction; var avancementRelect

/* ************ Parser ************ */
    var params = document.location.search.substr(l
gth).split( & );
    var i = 0;
    var tmp; var name;
    while ( i < params.length )
    {
        tmp = params[i].split( = );
        name = tmp[0];
        switch( name )
```

code de logiciel

Les logiciels libres sont des programmes informatiques que tout le monde est libre d'utiliser, d'étudier (pour comprendre comment ils marchent), de changer ou adapter, de reproduire et de partager. Tout le monde peut lire le code de ces logiciels, parce qu'il n'est pas secret. Ce sont des logiciels sans propriétaires : leur copyright (le droit de l'utiliser) est remplacé par un « copyleft ». La grande majorité des logiciels libres sont gratuits, mais certains sont payants ou ont des options payantes.

copyleft

- ☐ l'exclusivité
- ☐ la liberté d'accès
- ☐ le partage
- ☐ la propriété
- ☐ le secret
- ☐ la gratuité

2 Voici quelques logos de logiciels libres. Les connais-tu ? À quoi servent-ils ? En faisant des recherches si besoin, associe chaque logiciel à sa fonction.

- naviguer sur Internet
- éditer des sons, de la musique
- écrire un texte
- retoucher des images
- regarder des vidéos
- créer un blog ou un site Internet

Firefox

LibreOffice Writer

GIMP

Audacity

WordPress

VLC media player

3 Connaissez-vous d'autres logiciels libres ? À deux, faites des recherches pour choisir un logiciel libre et présentez-le à la classe.

Les ombres

Quand la lumière rencontre un objet opaque, à travers lequel elle ne peut pas passer, une forme sombre apparait : c'est l'ombre.

1 Retrouve l'ombre de chacun des éléments ci-dessous.

un arbre · une lampe · une fenêtre · des parasols · une clé et son porte-clé

2 **A.** À deux, prenez une petite lampe (lampe de poche, téléphone, etc.), un objet (stylo, gomme, clé, ciseaux, etc.) et des feuilles de papier. L'un tient l'objet entre la lampe et le papier ; l'autre dessine au crayon les ombres de l'objet. Que se passe-t-il…

1. … quand l'objet est plus proche de la lampe ?

2. … quand l'objet est plus proche du papier ?

3. … quand la lumière est au-dessus de l'objet ?

4. … quand la lumière vient du côté de l'objet ?

B. Éclairez l'objet avec deux lampes placées à différentes distances de l'objet.

1. Quand il y a plusieurs sources de lumière, **....**

☐ l'objet a plusieurs ombres. ☐ l'objet perd son ombre.

2. L'ombre de la lampe la plus proche est **....** que l'ombre de la lampe la plus éloignée.

☐ plus claire ☐ plus foncée

3 **A.** À quels animaux appartiennent ces ombres chinoises ? Saurez-vous les reproduire ?

un chien

un cygne

une chèvre

un éléphant

B. Faites des recherches pour trouver une ombre chinoise à faire avec les mains ou en découpant du papier. Présentez votre ombre à la classe. Les autres doivent deviner de quel objet, animal ou personnage il s'agit.

Communication

Vous savez déjà faire beaucoup de choses !

Vous allez faire le bilan de ce que vous avez appris dans les unités 1 et 2.
En petits groupes, complétez ces encadrés avec d'autres phrases.
Vous pouvez utiliser de grandes feuilles pour ensuite les coller sur les murs de la classe.

Donner notre avis

— *Elle le trouve très bien.*

— *Je ne suis pas d'accord avec toi.*

— *Tu penses que c'est nul ?*

Se souvenir ou oublier

— *Il se souvient de beaucoup de choses.*

— *Je me rappelle quand on m'a offert mon chien.*

— *Tu ne te souviens de rien ?*

— *Il a tout oublié.*

Demander et donner des renseignements

— *Vous préférez aller au cinéma ou regarder une vidéo sur internet ?*

— *Comment tu vas sur Internet ?*

— *En général, je me connecte avec un ordinateur.*

Réaliser une interview

— *Qu'est-ce qui vous a plu dans ce métier ?*

— *Comment voyez-vous votre avenir ?*

— *J'ai commencé à jouer au basket avec ma sœur.*

— *Ça a été dur, mais je n'ai pas arrêté, j'ai continué.*

Communiquer par téléphone

— *Allô, bonjour. Est-ce que je peux parler à Diane ?*

— *Tu peux me rappeler dans un quart d'heure ?*

— *Je n'ai plus de batterie, ça va couper !*

Parler d'événements passés

— *Mon frère est né en 2005.*

— *Clément a encore rêvé du collège.*

— *Je suis déjà sorti dans la rue en pyjama.*

Notre projet final

Faire un voyage
dans le temps
en images

Dans cette unité, nous allons...

- comparer le présent au passé
- parler de changements
  personnels et historiques
- communiquer par courrier
- évoquer des époques différentes

Jeu de rôles « grandeur nature »

1 J'étais comme ça !

A. Regarde ces photos d'Estelle et de sa sœur Joana. Ont-elles beaucoup changé ?

B. Écoute leur discussion. De quels changements parlent-elles ? Coche les bonnes réponses.

Piste 09

☐ Leurs cheveux étaient différents.

☐ Leurs amis étaient moins sympas.

☐ Leurs vêtements n'étaient pas les mêmes.

☐ Elles habitaient dans une autre ville.

☐ Joana était moins timide.

☐ Estelle faisait plus de sport.

☐ Elles connaissaient moins de langues.

☐ Elles avaient plus d'animaux de compagnie.

C. Et toi, comment tu étais quand tu étais enfant ? À deux, comparez comment vous étiez avant et comment vous êtes aujourd'hui.

- *Quand j'étais petit, j'avais les cheveux moins bouclés.*
- *Moi, quand j'étais petite, je n'avais pas de lunettes.*

D. Écris un texte pour comparer ce que tu faisais avant et ce que tu fais maintenant.

Quand j'étais petit, je faisais moins de sport qu'aujourd'hui. Et je parlais plus souvent anglais, parce qu'on habitait au Ghana.

2 Je croyais...

A. Lis cet article du blog de Joël. Que croyait-il quand il était petit ? Est-ce qu'il le croit encore ?

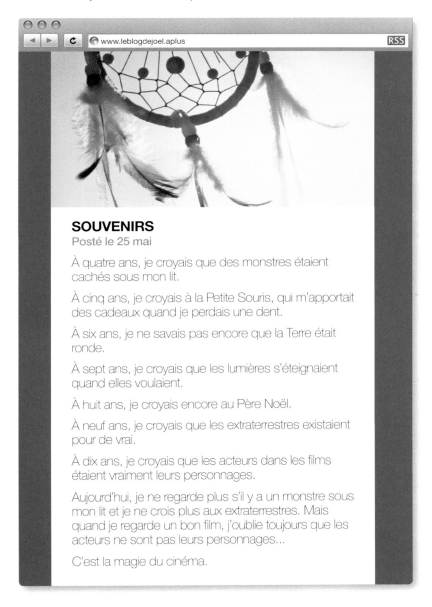

www.leblogdejoel.aplus   RSS

SOUVENIRS
Posté le 25 mai

À quatre ans, je croyais que des monstres étaient cachés sous mon lit.

À cinq ans, je croyais à la Petite Souris, qui m'apportait des cadeaux quand je perdais une dent.

À six ans, je ne savais pas encore que la Terre était ronde.

À sept ans, je croyais que les lumières s'éteignaient quand elles voulaient.

À huit ans, je croyais encore au Père Noël.

À neuf ans, je croyais que les extraterrestres existaient pour de vrai.

À dix ans, je croyais que les acteurs dans les films étaient vraiment leurs personnages.

Aujourd'hui, je ne regarde plus s'il y a un monstre sous mon lit et je ne crois plus aux extraterrestres. Mais quand je regarde un bon film, j'oublie toujours que les acteurs ne sont pas leurs personnages...

C'est la magie du cinéma.

Nos outils

L'imparfait

- **On était** tout le temps en jupes ou quoi ?
- **Je** ne **jouais** pas encore de la guitare, mais **j'aimais** déjà chanter.
- À sept ans, **je croyais** que les lumières **s'éteignaient** quand **elles voulaient**.

Les comparatifs

- Tes cheveux étaient beaucoup **plus** bouclés que maintenant.
- Tu crois que le sport, ça rend **moins** timide ?
- Je ne sais pas pourquoi on portait **autant** de robes, petites.
- Moi je suis toujours **aussi** timide.

Ne... pas encore / Ne... plus

- À six ans, je **ne** savais **pas encore** que la Terre était ronde.
- Aujourd'hui, je **ne** crois **plus** aux extraterrestres.

Croire que et *croire à*

- **Je croyais que** les acteurs dans les films étaient vraiment leurs personnages.
- À cinq ans, **je croyais à** la Petite Souris.

+ d'activités ▶ p. 46-47

 B. Et toi ? Qu'est-ce que tu croyais quand tu étais enfant ? Écris deux phrases sur des choses que tu croyais.

Quand j'étais petit, je croyais que les adultes étaient des super-héros.

 C. En posant des questions à tes camarades, trouve au moins une autre personne qui croyait la même chose ou une chose similaire.

• *Quand j'étais petite, je croyais aux extraterrestres.*
○ *Moi aussi !*

Il n'y a pas si longtemps

1 Vide-grenier

 A. Connais-tu ces objets ? Retrouve la légende de chaque photo.

un Rubik's cube   **des patins à roulettes**   **un polaroïd**   **une machine à écrire**   **des cassettes**

Piste 10

B. Écoute le dialogue entre Mathieu et sa grand-mère. À qui appartenaient les objets dont elle parle ? Associe-les à un membre de la famille.

C. Lequel de ces objets du passé voudrais-tu utiliser ? Pourquoi ?

- *Moi, je voudrais avoir ces patins à roulettes. Ils sont super !*

D. Apporte un objet que quelqu'un que tu aimes t'a donné (ou la photo de l'objet s'il ne peut pas être déplacé) et présente-le à la classe.

- *Ce bracelet était à ma tante. Elle me l'a donné quand j'avais dix ans. Je l'aime beaucoup.*

2 Carte ancienne

 A. Observe cette carte adressée à Marie. De quelle époque date-t-elle ? Pour quel événement a-t-elle été écrite ?

 B. Leïla, l'arrière-petite-fille de Marie, reçoit à son tour une carte. Remet les phrases dans l'ordre pour reconstituer le message.

Et plein de bonheur pour la nouvelle année !

Gros bisous et à très bientôt !

Mes parents, ma sœur et moi, nous te souhaitons de belles fêtes.

Coucou Leïla,

Déborah

 C. Écris une carte à un membre de ta famille ou à l'un de tes camarades pour lui souhaiter son anniversaire.

Cher Léo,
J'espère que tu vas bien…

Nos outils

Les démonstratifs (1)

– Il y a trop de choses dans **cette** maison.
– C'est quoi **ce** truc ?
– Ils sont trop beaux, **ces** rollers !
– Passe-moi **ces** cassettes.

L'appartenance

– Il était **à** ta mère. Il est toujours **à** ta mère d'ailleurs.
– C'étaient les patins à roulettes **de** ta tante Julia.

La restriction

– Je fais **juste** un peu de tri.
– On attendait **seulement** une minute et la photo sortait de l'appareil.
– Il **n'**y a **que** les vinyles qui sont revenus à la mode.

Écrire un courrier

• **Pour commencer**
– Cher / Chère / Chers / Chères
– Coucou ! Salut !
• **Pour terminer**
– Je t'embrasse (fort) / Je vous embrasse (fort)
– Bises
– (Gros) Bisous
– À très vite / À bientôt

+ d'activités ▶ p. 46-47

Voc +

Les formules rituelles
• Bonne année !
• Joyeuses fêtes !
• Joyeux anniversaire ! Bon anniversaire !
(Attention : au Québec, on dit « Bonne fête ! » pour souhaiter un bon anniversaire à quelqu'un)

Tout a changé ?

1 À l'époque de...

A. Connais-tu ces personnages ? Associe les portraits et les biographies.

Marie Skłodowska-Curie

Originaire de Pologne, Marie Skłodowska-Curie a fait des études de physique et de chimie en France. À ce moment-là, très peu de femmes pouvaient aller à l'université en Europe. Cette brillante scientifique a été la première femme à recevoir le prix Nobel, qu'elle a reçu deux fois : le prix Nobel de physique en 1903 et celui de chimie en 1911.

Toussaint Louverture

Au XVIIIe siècle, Toussaint Louverture a mené une grande révolte contre l'esclavage et la colonisation sur l'île d'Haïti, qui s'appelait alors Saint-Domingue. À cette époque, les Anglais, les Français, les Espagnols et les Hollandais faisaient travailler des esclaves indiens et africains dans les Caraïbes. Haïti a été le premier pays à naître d'une révolte d'esclaves.

Henri IV

Pendant la Renaissance, il y avait des guerres de religion, entre catholiques et protestants, en France. Ayant grandi entre les deux religions, le roi Henri IV a rétabli la paix à la fin du XVIe siècle, avec « l'édit de Nantes ». Ce texte royal interdisait la persécution des protestants et les autorisait à pratiquer leur religion. Il est mort assassiné par un catholique fanatique.

Cléopâtre VII

Au début de l'ère chrétienne, les pharaons d'Égypte étaient originaires de Macédoine. Cléopâtre IV a régné sur l'Égypte pendant vingt ans. Elle s'est battue pour maintenir la puissance du royaume et le respect des traditions égyptiennes. Son histoire d'amour avec le général romain Marc Antoine et leur mort romanesque ont inspiré de nombreuses œuvres d'art.

 B. Retrouve à quelle époque ont vécu ces personnages, selon la tradition historique française. Les mêmes périodes sont-elles utilisées dans ton pays ?

l'Antiquité (IVe millénaire - Ve siècle)

le Moyen Âge (Ve-XVe siècles)

les Temps modernes (XVe-XVIIIe siècles)

l'époque contemporaine (XIXe - XXIe siècles)

 C. Quel(s) moment(s) de l'histoire de l'humanité t'intéresse(nt) ? Dans quelle(s) partie(s) du monde ? Pourquoi ?

● *La Méditerranée au Moyen Âge, c'était très intéressant. Il y avait beaucoup d'échanges dans les arts et les sciences.*

 D. Quel personnage historique préfères-tu ? Fais des recherches et écris une présentation de son époque.

À l'époque du Che Guevara, il y avait des révolutions en Amérique latine...

2 Le vélo : de 1817 à nos jours

 A. Regardez cette photo d'un vélo fabriqué en 1897. En groupes, placez les noms de ses principaux éléments.

les roues

les pédales

le guidon

la selle

 B. Lena et Vincent visitent une exposition sur l'histoire du vélo. Écoute leur conversation et classe les images dans l'ordre chronologique.

Piste 11

Draisienne (1817)

Petite Reine

Bicycle moto cross (BMX)

Grand Bi

Vélo tout terrain (VTT)

Vélocipède

 C. Est-ce que tu trouves que les vélos d'aujourd'hui sont très différents des premiers vélos ? Qu'est-ce qui a changé et qu'est-ce qui n'a pas changé ? Discutez-en à deux.

● *Les vélos d'aujourd'hui ne sont pas très différents des premiers vélos...*

○ *Non, les VTT sont mieux ! Ils sont plus rapides et ils peuvent aller partout.*

 D. Est-ce que l'histoire d'autres objets vous intéresse ? En groupes, faites des recherches sur l'histoire d'un objet et présentez ses évolutions à la classe.

Nos outils

Situer dans le temps

- ***À cette époque**, les Européens faisaient travailler des esclaves dans les Caraïbes.*
- ***À ce moment-là**, très peu de femmes pouvaient aller à l'université.*
- ***Au début de l'ère chrétienne**, les pharaons d'Égypte étaient originaires de Macédoine.*
- *Le roi Henri IV a rétabli la paix **à la fin du XVIe siècle**.*

Mieux ou *pire*

- *Attends, celui-là, il est **pire** ! T'as déjà vu un vélo pareil ?*
- *Je crois que les vélos d'aujourd'hui sont **mieux**.*

Pareil ou *différent*

- **Pour parler des ressemblances**
  - *C'est (presque) pareil.*
  - *Ce n'est pas (très) différent.*
  - *C'est la même chose.*
- **Pour parler des différences**
  - *C'est différent.*
  - *Ce n'est pas (du tout) pareil.*
  - *Ce n'est pas la même chose.*

+ d'activités ▶ p. 46-47

Plus d'activités sur
espacevirtuel.emdl.fr

1 L'imparfait de l'indicatif

L'imparfait permet de décrire des situations, des lieux, des choses ou des personnes dans le passé.
— *Quand ma grand-mère **était** petite, Internet n'**existait** pas.*

Il permet aussi de parler d'une habitude au passé.
— *L'année dernière, on **allait** au collège en vélo.*

Pour former l'imparfait, on prend le radical du présent de la 1ère personne du pluriel (**nous**) et on ajoute les terminaisons de l'imparfait : -ais, -ais, -ait, -ions, -iez, -aient.

Avoir (nous **av**ons)	Dire (nous **dis**ons)	Aller (nous **all**ons)	Faire (nous **fais**ons)
j'av**ais**	je dis**ais**	j'all**ais**	je fais**ais**
tu av**ais**	tu dis**ais**	tu all**ais**	tu fais**ais**
il/elle/on av**ait**	il/elle/on dis**ait**	il/elle/on all**ait**	il/elle/on fais**ait**
nous av**ions**	nous dis**ions**	nous all**ions**	nous fais**ions**
vous av**iez**	vous dis**iez**	vous all**iez**	vous fais**iez**
ils/elles **avaient**	ils/elles dis**aient**	ils/elles all**aient**	ils/elles fais**aient**

! Le verbe **être** à l'imparfait se conjugue d'une façon différente.

L'imparfait du verbe *Être*		
j'**étais**	il/elle/on **était**	vous **étiez**
tu **étais**	nous **étions**	ils/elles **étaient**

A. Complète les phrases en conjuguant les verbes à l'imparfait.

1. Quand j' (être) ... plus jeune, je n' (aimer) ... pas le foot.
2. J' (avoir) ... beaucoup d'amis quand on (habiter) ... à La Réunion.
3. Nous, on (croire) ... tous au Père Noël.
4. Petit, tu (faire) ... toujours le clown sur les photos.
5. J' (aller) ... toujours en vacances chez mes grands-parents.
6. Ils (parler) ... portugais quand ils (être) ... petits.

B. Choisis une personne célèbre et explique à un camarade comment elle était ou ce qu'elle faisait plus jeune.

Quand Emma Watson était adolescente, elle jouait dans les films de la série « Harry Potter ».

2 Les comparatifs

Les comparatifs permettent d'exprimer des rapports d'inégalité (**plus +**, **moins -**) ou d'égalité (**aussi/autant =**) entre des éléments différents, ou pour le même élément dans différents contextes.

Après un comparatif, **que** marque la différence entre les éléments comparés. On utilise plutôt **de** pour les quantités.
— *À ton âge, j'avais **moins de** timbres **que** toi.*

On ne met rien quand l'élément comparé est sous-entendu.
— *Quand tu étais enfant, tu étais **plus** timide. (= que maintenant)*

! En général, **autant** sert à comparer des quantités (portées par des noms ou des verbes) et **aussi**, à comparer des degrés (portés par des adverbes ou des adjectifs).
— *Il y avait **autant** de problèmes avant.*
— *Il était **aussi** sympa que son frère.*

! Les comparatifs irréguliers : **bien → mieux** ; **mal → pire** ; **bon(ne)(s) → meilleur(e)(s)** ; **mauvais(e)(s) → pire/plus mauvais(e)(s)**.
— *Le pain est **meilleur** dans la boulangerie d'à côté.*
— *Il joue du violoncelle **mieux** que son père.*
— *Ce film historique est **pire/plus mauvais** que l'autre.*

C. À deux, discutez de ce que les gens faisaient plus, moins ou autant quand...

1. Internet n'existait pas.
2. le téléphone n'existait pas.
3. les avions n'existaient pas.
4. les voitures n'existaient pas.

Quand Internet n'existait pas, les gens écrivaient plus de lettres.

D. Construis les phrases en remplaçant les expressions entre parenthèses par *mieux*, *meilleur(e)(s)* ou *pire(s)*.

1. J'ai de (plus bons) ... souvenirs de mon adolescence que de mon enfance.
2. Cet album de vacances est (plus bien) ... que celui de l'été dernier.
3. Ma mémoire est encore (plus mauvaise) ... que la tienne : j'oublie tout !
4. On était (plus bien) ... dans notre ancienne maison.

3 Les déterminants démonstratifs

Les déterminants démonstratifs (ou « adjectifs démonstratifs ») permettent de désigner :

* des éléments visibles (qu'on peut montrer d'un geste) au moment où on parle,
* des éléments dont on a déjà parlé avant,
* des éléments évidents dans la situation de communication.

	masculin	féminin
singulier	ce	cette
pluriel	ces	

— *Tu connais **ce** jeu? Il était très à la mode quand j'avais ton âge.*

— *On se connaît: tu étais à l'anniversaire de Yasmine. Elle était super **cette** fête!*

— *Tu te souviens de **ces** histoires? Tu les connaissais par cœur quand on était petits.*

❗ Devant un nom commençant par une voyelle ou un –h muet, l'adjectif masculin singulier **ce** devient **cet**.

— *J'ai trouvé **cet** appareil photo dans le grenier. Il est beau, hein?*

E. Complète les phrases avec *ce*, *ces*, *cet* ou *cette*.

1. J'adore ... papier à lettres : c'est un souvenir de mon grand-père.
2. Je peux prendre ... enveloppe ?
3. Elles étaient très belles, ... lettres d'amour.
4. Je cherchais justement ... album photo.
5. — C'est qui ... garçon ?
   — C'est ton oncle quand il avait ton âge.
6. J'ai bien reçu ta carte ... été. J'étais contente d'avoir de tes nouvelles.
7. ... année aussi, vous envoyez des cartes de vœux ?

4 Ne... pas encore et ne... plus

Ne... pas encore indique que quelque chose qui doit ou qui va se passer n'est pas encore arrivé.

— *À l'époque de Christophe Colomb, les gens **ne** faisaient **pas encore** de vélo. Ça n'existait pas.*

Ne... plus indique que quelque chose qui arrivait ou qui existait dans le passé est maintenant fini.

— *Il **n'y** a **plus de** rois en France depuis le XIXe siècle.*

F. Fais deux listes avec *ne... pas encore* et *ne... plus*.

1. Une liste de trois choses qui t'intéressent mais que tu n'as pas encore faites.
2. Une liste de trois choses que tu aimais ou que tu n'aimais pas et que tu as arrêté de faire.

À deux, discutez de vos listes respectives.

Phonétique   Les consonnes finales

Piste 12

A. Écoute ces phrases. Est-ce que les mots de chaque étiquette se prononcent pareil ?

1. plus / plus   2. il est / l'Est   3. tu as / un as   4. tous les / tous (tout seul)

B. À deux, choisissez une des paires ci-dessus et écrivez une phrase avec chacun de ses mots. Ensuite, entraînez-vous à les prononcer.

MAG.COM LES JEUX DE RÔLES

Avant, on jouait à des jeux de rôles à l'intérieur. Aujourd'hui, les jeux de rôles « grandeur nature », à l'extérieur, ont beaucoup de succès en Belgique, en Suisse, en France et au Québec. Les joueurs se retrouvent dans des forêts, des champs, des villages pour voyager dans le temps et dans un monde imaginaire, avant le retour à la vie normale.

1. Lis les textes et réponds aux questions.

a. Quelles sont les 3 façons de jouer à des jeux de rôles ?

b. Combien de temps dure un jeu de rôles « grandeur nature », en général ?

c. Est-ce que tous les jeux de rôles « grandeur nature » se passent au Moyen Âge ?

L'HISTOIRE

Jusqu'aux années 1980, les jeux de rôles se jouaient seulement autour d'une table. On y jouait assis, avec des cartes et des dés. Aujourd'hui, les jeux de rôles se jouent souvent dans la nature, avec de « vrais » joueurs et de « vraies » actions. Il existe des « grandeur nature » célèbres, organisés chaque année comme *Bicolline* au Québec ou *Avatar* en Belgique. Les jeux de rôles en intérieur continuent d'exister, sans oublier les jeux de rôles en ligne.

LE PRINCIPE

Participer à un jeu de rôles « grandeur nature », c'est un peu comme improviser au théâtre. Les scènes ne sont pas écrites à l'avance.

Chaque personne se déguise pour incarner un personnage de fiction pendant quelques heures ou quelques jours.

Comme tous les jeux, les jeux de rôles ont des règles. Les joueurs ne peuvent pas faire n'importe quoi. Les jeux sont souvent encadrés par des arbitres pour éviter les disputes.

2. As-tu déjà participé à un jeu de rôles ? Si non, est-ce que ça t'intéresse ? Pourquoi ?

« GRANDEUR NATURE »

Est-ce qu'il existe des jeux de rôles « grandeur nature » dans ton pays ou ta région ?

Est-ce que tu connais des événements / spectacles où on utilise des costumes d'autres époques ?

LE MONDE IMAGINAIRE

L'action des jeux de rôles se passe souvent dans un Moyen Âge fantastique. Mais de nombreux « grandeur nature » s'inspirent de l'Antiquité ou du XIXᵉ siècle. Il existe aussi des jeux de rôles futuristes, inspirés de la science-fiction. Les joueurs apportent des tentes, des costumes, du maquillage, des accessoires, pour créer cette réalité fictive.

1 Le décor

Regarde ce reportage. Où se déroule ce jeu de rôle grandeur nature ?

☐ Dans une ville futuriste.
☐ Dans un village de l'Antiquité.
☐ Dans un château du Moyen Âge.

2 Les joueurs

Réponds par *Vrai* ou *Faux*.

a. Les joueurs s'habillent comme ça tout le temps.
b. Les joueurs sont déguisés et maquillés.
c. Les joueurs se battent pour de vrai.
d. Les armes sont de fausses armes en mousse : elles ne font pas mal.

3 Pourquoi jouent-ils ?

Est-ce que les participants à ce jeu gagnent quelque chose ? Pourquoi jouent-ils ? Qu'est-ce que tu en penses ?

Jeu de rôles « grandeur nature »

Faire un voyage dans le temps en images

1. L'époque et le lieu

▶ En groupe, nous choisissons une époque historique que nous aimons : l'Antiquité, le Moyen Âge, les Temps modernes, le XIXe siècle, l'époque contemporaine...
▶ Nous choisissons les limites géographiques de notre voyage : continent, pays, région, ville, village, quartier, rue...
▶ Nous choisissons un thème qui nous intéresse particulièrement (les fêtes, les vêtements, la cuisine, les sports, les transports, les arts, les objets du quotidien, etc.) et nous trouvons un titre.

2. La recherche des images

▶ Nous cherchons des images qui correspondent aux critères temporels, géographiques et thématiques que nous avons choisis.
▶ Nous sélectionnons une dizaine d'images.

3. L'album de voyage

▶ Nous choisissons une façon d'ordonner les images.
▶ Nous rédigeons une légende pour chaque image, pour indiquer ce qu'elle montre, sa date, son ou ses auteurs et où nous l'avons trouvée (la source).
▶ Nous réalisons la couverture de l'album avec nos noms, le titre de l'album et la plus belle image.

La mode pendant la Préhistoire

Les femmes et les hommes portaient des peaux d'animaux pour se protéger du froid.

Source : images du musée de la Préhistoire de Tautavel (France). Wikimedia Commons.

ET MAINTENANT...

Nous aménageons un espace de la classe pour permettre la consultation des albums. Chaque groupe pourra alors raconter son « voyage » dans le temps.

Conseils pratiques

Vous pouvez fabriquer vous-mêmes vos albums de voyage, en utilisant des cahiers ou des classeurs qui vous plaisent. Vous pouvez aussi réaliser des diaporamas numériques.

Après la pub

Notre projet final

Réaliser une
contre-publicité

Dans cette unité, nous allons...

• parler d'un sujet de société

• comprendre et analyser des
  publicités

• décrire des sensations

• nous positionner pour ou contre
  quelque chose

Action antipub dans le métro

La pub est partout

1 C'est de la pub ?

 A. Lis ces textes trouvés sur Internet. Lesquels sont des publicités et lesquels sont des informations ?

Salut les filles ! Je vous ai souvent parlé de ma guerre contre les boutons.
Ça y est, j'ai enfin trouvé LE produit parfait : il sent bon, il marche super bien, et, en plus, il n'est pas cher.
Vous pouvez l'acheter les yeux fermés !

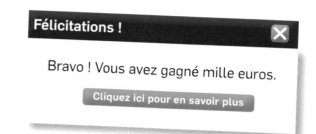

Félicitations ! ✖

Bravo ! Vous avez gagné mille euros.

Cliquez ici pour en savoir plus

Rim813

Dans les forfaits de téléphone, j'aime celui-ci, parce qu'on peut appeler son numéro préféré gratuitement. Il y a aussi ce forfait-là, chez un autre opérateur. Il est bien quand on appelle souvent à l'étranger. Et celui-là, il est moins cher que les deux autres. C'est un nouvel opérateur. À mon avis, chacun a ses avantages et ses inconvénients. C'est à vous de choisir.

 B. Écoute la conversation entre Fred et Dominique. Dans quels contextes ont-ils vu ou reçu des publicités ? Coche-les dans le tableau.

Piste 13

Dans la rue	Dans les transports	Dans les médias	Sur Internet	Sur leur téléphone	Ailleurs...

LE SAIS-TU ?

Un Français reçoit entre 500 et 3 000 messages publicitaires par jour. La France a le record européen de panneaux publicitaires : un million. 50 % des pages des grands hebdomadaires français sont occupées par des publicités. Cela représente 4 000 tonnes de papier par an.

Source : Groupe MARCUSE, 2010

 C. Et toi ? Combien de publicités as-tu vues, reçues ou entendues hier ? Dans quels contextes ? Remplis ton propre tableau et compare-le avec celui d'un camarade.

 D. Autour de toi, quels sont les endroits libres de publicités ? Faut-il les protéger ?

- *Il n'y a pas de publicités dans le parc à côté de chez moi. C'est bien, il faut le protéger.*

2 Es-tu sensible à la publicité ?

 A. Réponds à ce test sur l'influence de la publicité. Quel est ton profil ?

La publicité et toi

1. Tu remarques un pull sur une affiche. Tu n'en as pas besoin...
- mais tu le veux !
- mais il est trop beau. Peut-être pour ton anniversaire...
- donc tu continues ta route.

2. Quand une fenêtre apparaît au coin de ton écran : « Bravo ! Tu as gagné ! »...
- tu n'y fais pas attention.
- tu la fermes.
- tu cliques pour savoir ce que tu as gagné.

3. Tu regardes une émission de télé. Quand elle est coupée par les publicités...
- tu en profites pour faire autre chose.
- tu les regardes toutes.
- tu zappes.

4. Un nouveau jeu vidéo vient de sortir.
- Tu n'es pas au courant.
- Tu l'achètes tout de suite.
- Tu notes son nom pour chercher d'autres avis.

5. Les publicités au cinéma...
- te donnent faim et soif.
- t'ennuient : tu es venu(e) pour voir le film.
- te permettent d'arriver en retard.

6. Quand tu achètes quelque chose, tu regardes d'abord...
- le prix et la qualité.
- le design, l'emballage.
- la marque.

7. La publicité...
- c'est intéressant, à petites doses.
- ça fait rêver.
- c'est mauvais pour la santé et pour la planète.

Si tu as plus de ●

Très sensible à la publicité, tu as envie de tout ce qu'on cherche à te vendre. Et si tu pensais à ce dont tu as vraiment besoin avant de consommer ?

Si tu as plus de ●

Tu n'es pas indifférent(e) à la publicité et parfois tu te laisses influencer. Mais tu prends le temps de comparer pour consommer de façon intelligente.

Si tu as plus de ●

Tu es antipub. Tu veux vivre avec le moins possible de publicités. Tu n'aimes pas qu'on te dise ce que tu dois faire ni ce que tu dois acheter.

+ d'activités ▶ p. 58-59

Nos outils

Les démonstratifs (2)

	masculin	féminin
singulier	celui-ci celui-là	celle-ci celle-là
pluriel	ceux-ci ceux-là	celles-ci celles-là

Aussi et *en plus*

- Il y a **aussi** celui-là, chez un autre opérateur.
- Il sent bon, il marche bien et, **en plus**, il n'est pas cher.

Les pronoms COD

singulier	Je	me / m'
	Tu	te / t'
	Il / Elle / On	le / la / l'
pluriel	Nous	nous
	Vous	vous
	Ils / Elles	les

Partout et *nulle part*

- En fait, il y a de la pub **partout**.
- On n'est jamais tranquilles **nulle part**.

 B. Es-tu d'accord avec la description de ton profil ? Pourquoi ? Discutez-en à deux.

- Je suis d'accord avec le résultat du test : les publicités m'influencent un peu.
- Moi, non. La publicité ne m'influence pas du tout.

 C. Vous trouvez que les publicités nous influencent beaucoup ? Autour de vous, les gens sont-ils sensibles à la publicité ? Discutez-en en groupes.

- Oui, la publicité nous influence beaucoup. On connaît des marques parce qu'on a vu des publicités.

Pourquoi ça marche ?

1 Ça donne envie !

Piste 14

A. Écoute ces publicités pour la radio. Retrouve l'image qui correspond à chacune d'elles.

5

a

3

b

2

c

1

d

4

e

Piste 14

B. Écoute les annonces une deuxième fois. Coche les adjectifs que tu entends. Puis, en t'aidant des adjectifs, trouve lequel des cinq sens est évoqué dans chaque annonce.

clair(e)(s)

délicieux / délicieuse(s)

épicé(e)(s)

bruyant(e)(s)

doux / douce(s)

fruité(e)(s)

dur(e)(s)

moche(s)

salé(e)(s)

foncé(s)

léger(s) / légère(s)

beau(x) / belle(s)

sucré(e)(s)

lourd(e)(s)

brillant(e)(s)

silencieux / silencieuse(s)

le goût

la vue

l'odorat

le toucher

l'ouïe

Voc +

Les cinq sens

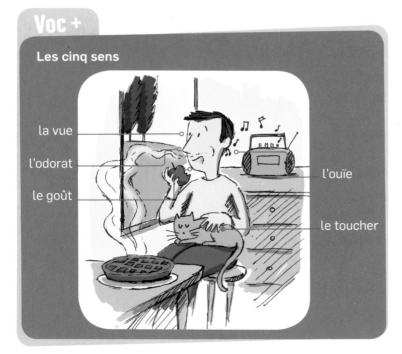

la vue

l'odorat

le goût

l'ouïe

le toucher

C. Est-ce qu'une de ces publicités te plaît plus que les autres ? Pourquoi ?

- *Je préfère la publicité pour le restaurant. Ça me donne envie de manger.*

D. En groupes, cherchez un nom qui va bien avec chaque adjectif. Le premier groupe à finir la liste a gagné.

- *Sucré...*
- *Un gâteau au chocolat, c'est sucré !*

2 La pub à la loupe

 A. Regarde ces affiches. Quel est le thème de chacune ?

les voyages   l'écologie   le sport

Venez voir jouer
la meilleure équipe
du monde !

Finale Suisse - Canada
le 5 mars au Centre Bell

*Fédération de
hockey francophone*

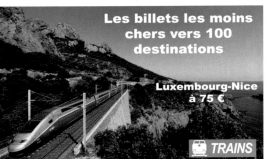

**Les billets les moins
chers vers 100
destinations**

Luxembourg-Nice
à 75 €

TRAINS

Le plus beau
des cadeaux...

une planète
propre

www.penseademain.org

 B. En groupes, retrouvez les éléments qui figurent sur chaque affiche. Sont-ils présents à chaque fois ? À votre avis, quels sont les plus importants ?

l'image   le slogan   le logo   le prix

 C. À deux, choisissez une cause à défendre ou un produit à vendre. Inventez un slogan pour en faire la promotion.

Apprenez la plus belle langue du monde !

 D. Mettez tous les slogans de la classe en commun. Dites le(s) slogan(s) que vous préférez et expliquez pourquoi.

● *C'est celui-là, le meilleur slogan, parce que c'est le plus original.*

Nos outils

Ça + verbe conjugué

– **Ça donne** envie de tout goûter !
– **Ça change** tout !
– Les feux d'artifices, **ça fait** rêver.
– Mmm... **ça sent** bon.

Avoir + nom

– **Tu en as marre** de baisser le son ?
– En voyage, **j'ai besoin** de dormir.
– **Vous avez envie** de nouveauté pour le Nouvel An ?

Le superlatif

• le / la / les moins...
– C'est le casque **le moins bruyant**.
– Les billets **les moins chers** vers 100 destinations.
• le / la / les plus...
– **Le plus beau** des cadeaux... une planète propre.
– Les couleurs **les plus vives** et **les plus brillantes** pour une fête multicolore !
• le / la / les meilleur(e)(s)
– Venez goûter **les meilleurs plats** des quatre coins du monde.
• le / la / les pire(s)
– Et **le pire**, c'est l'avion.

+ d'activités ▶ p. 58-59

No logo !

1 **Propubs et antipubs**

 A. Regarde et lis ces documents. Qu'est-ce qu'un mouvement antipub ?

⬇

Nous n'avons pas besoin de la publicité, mais la publicité a besoin de nous. Nous ne sommes pas obligés d'obéir. Nous ne sommes pas obligés de la croire. Nous sommes libres de ne pas consommer.

LUTTONS CONTRE LA PUB ET POUR LA PLANÈTE !

www.contrelapub.org

TOUS LES JOURS JE LAVE MON CERVEAU AVEC LA TÉLÉ

 B. Êtes-vous d'accord avec les gens qui luttent contre la publicité ? Pourquoi ? Discutez-en en groupes.

- *Je ne suis pas d'accord avec eux. J'adore les pubs !*
- *Moi, je suis d'accord avec les antipubs. Je suis contre les publicités.*

 C. À deux, réalisez une affiche pour ou contre la publicité. Vous pouvez utiliser une publicité réelle et changer son message, ou en créer une complètement nouvelle.

 D. Présentez vos affiches. Y a-t-il plus d'élèves pour la publicité ou contre la publicité dans la classe ?

DÉPENSEZ ! DITES NON À LA PUBLICITÉ !

2 On consomme trop !

 A. Regarde cette image. Qu'est-ce que tu vois ? Pourquoi, à ton avis ?

 B. Écoute cette interview d'une présidente d'association. Quel slogan résume le mieux l'action de l'association ?

Piste 15

> **L'argent ne fait pas le bonheur.**

> **Acheter plus pour dépenser plus !**

> **Consommer moins, consommer mieux !**

 C. D'après elle, qu'est-ce que nous faisons trop, assez et pas assez ? Choisis une étiquette pour compléter chaque phrase.

Les gens achètent...   pas assez

On ne se pose ... de questions avant d'acheter.   assez

Les consommateurs ont ... de pouvoir.   trop

 D. Pense à un objet que tu as envie d'acheter. À deux, discutez de vos objets en vous aidant de la fiche suivante.

> ▸ Où a été fabriqué cet objet ?
> ▸ Par qui ? Dans quelles conditions ?
> ▸ Est-il écologique et/ou recyclable ?
> ▸ Est-ce que j'en ai vraiment besoin ?

Nos outils

Pour ou *contre* ?

– Luttons **contre** la pub et **pour** la planète !
– Vous êtes présidente d'une association **contre** la consommation, c'est bien ça ?
– Nous sommes surtout **pour** la consommation responsable.

Libres ou *obligés* ?

– **Nous ne sommes pas obligés d'**obéir.
– **Nous ne sommes pas obligés de** la croire.
– **Nous sommes libres de** ne pas consommer.

Trop, assez, pas assez

– Parce qu'on consomme **trop**.
– On est **assez** nombreux et **assez** forts pour changer les choses.
– Mais ils ne l'utilisent **pas assez**.

> **+ d'activités ▸ p. 58-59**

Plus d'activités sur
espacevirtuel.emdl.fr

1 Les pronoms COD

Les pronoms compléments d'objet direct (COD) permettent d'économiser des mots et d'éviter les répétitions. Ils remplacent les compléments de la majorité des verbes. Les pronoms COD se placent entre le sujet et le verbe.

● *Elle est nulle, <u>cette publicité</u> !*
○ *Moi je **la** trouve plutôt sympa.*

singulier	Je	me / m'
	Tu	te / t'
	Il / Elle / On	le / la / l'
pluriel	Nous	nous
	Vous	vous
	Ils / Elles	les

❗ Quand le verbe est à l'impératif, le pronom COD se place après le verbe, relié par un trait d'union.

—<u>Ton projet</u> est fini ? Montre-**le** moi.

❗ Quand le verbe commence par une voyelle, **me**, **te**, **la** et **le** prennent une apostrophe.

—*Je **l'**aime bien, <u>ce logo</u>.*

A. Complète les phrases suivantes en remplaçant les éléments entre parenthèses par un pronom COD.

1. (les publicités) Elle … regarde toujours.
2. (David et moi) Les publicités … fatiguent.
3. (cette affiche) Tu … as vue ?
4. (le prix) Je … vérifie toujours avant d'acheter quelque chose.
5. (les gens) Tu penses que la publicité … influence ?
6. (ce livre) Lis-… . Il explique pourquoi les marques nous influencent.
7. (Magali et Lorenzo) On … attendait pour choisir une marque.
8. (Gaëlle et toi) On … filmera pour notre vidéo antipub.

2 Les pronoms démonstratifs

Les pronoms démonstratifs remplacent les noms :

- d'éléments visibles (qu'on peut montrer d'un geste) au moment où on parle,
- d'éléments dont on a déjà parlé avant,
- d'éléments évidents dans la situation de communication.

Ils prennent le genre et le nombre du nom ou du groupe nominal qu'ils remplacent. La forme en **-là** est la plus fréquente.

	masculin	féminin
singulier	celui-ci celui-là	celle-ci celle-là
pluriel	ceux-ci ceux-là	celles-ci celles-là

—*Tu préfères cette affiche ou **celle-là**?*

❗ **-ci** et **-là** peuvent marquer une distance (proximité pour **-ci**, éloignement pour **-là**) par rapport à la personne qui parle. Mais ils permettent surtout de différencier deux éléments, lors d'un choix ou d'une comparaison.

— *Tu préfères quelle affiche ? **Celle-ci** ou **celle-là**?*

B. Associe chaque question à sa réponse.

1. Tu préfères quel parfum ?
2. Vous êtes pour quels joueurs ?
3. Quelle publicité te plaît le plus ?
4. On choisit quel logo ?
5. Vous voulez manger dans quel restaurant ?
6. Tu as commandé quelles pizzas ?

a. On a pris celle-ci et celle-là. Tu vas voir, elles sont délicieuses.
b. Dans celui-là : il est moins bruyant.
c. Celle-ci : elle est plus intéressante.
d. Ceux-là. Ce sont les meilleurs !
e. Celui-là, parce qu'il a les plus belles couleurs.
f. Celui-ci. Il sent bon, il sent la mer.

3 Le superlatif

Le superlatif est la version maximale (**le plus**) ou minimale (**le moins**) du comparatif. Le superlatif est toujours relatif à un contexte, même si ce contexte n'est pas toujours précisé.

- **Superlatif + adjectif**

Quand il est formé avec un adjectif, le superlatif s'accorde en genre et en nombre avec le nom de l'élément valorisé.
— *C'est l'affiche **la moins originale**.*
— *On va tester les marques de parfum **les plus connues**.*

- **Superlatif + adverbe / verbe / nom**

Avec un adverbe, un verbe ou un nom, le superlatif prend la forme invariable **le plus (de)**.

— *C'est elle que j'aime **le plus**.*
— *C'est sur Internet que je vois **le plus de publicités**.*

> **Bien → mieux ; mal → pire ; bon(ne)(s) → meilleur(e)(s) ; mauvais(e)(s) → pire /plus mauvais(e)(s).**

— *Celui-là, c'est **le meilleur** slogan. C'est clair !*
— *C'est **le pire** /**le plus mauvais** restaurant du quartier.*

C. À deux, choisissez deux publicités sur un même sujet. En utilisant le superlatif, comparez :
1. leurs idées.
2. leurs images.
3. leurs couleurs.
4. leurs slogans.
5. leur efficacité, ce qu'elles provoquent.

4 L'envie et le besoin, l'obligation et la liberté

- **Avoir envie de + nom / pronom / verbe à l'infinitif**

exprime un désir : quelque chose qu'on veut (faire) sans en avoir besoin.
— ***J'ai envie de** changer de parfum.*

- **Avoir besoin de + nom / pronom / verbe à l'infinitif**

exprime l'idée que quelque chose ou quelqu'un est nécessaire. On ne peut pas faire autrement.
— ***Nous avons besoin d****'eau pour vivre.*

- **Être obligé (de) + verbe à l'infinitif** exprime l'idée de contrainte extérieure, l'absence de liberté, de choix.
— ***On est obligés de** voir des publicités: il y en a partout !*

- **Être libre (de) + verbe à l'infinitif** exprime la possibilité de choisir, l'absence de contrainte.
— *Les publicités, **tu es libre de** les croire ou pas.*

D. Fais 4 listes et compare-les avec celles d'un(e) camarade. Dans ces listes, écris...
1. 3 choses que tu as envie d'avoir ou de faire.
2. 3 choses que tu as besoin d'avoir ou de faire.
3. 3 choses que tu es obligé(e) d'avoir ou de faire.
4. 3 choses que tu es libre d'avoir ou de faire.

Phonétique Les nasales [ã] et [ɛ̃/œ̃]

Piste 16

A. Écoute ces phrases et entoure le son que tu entends. Dans quels mots les entends-tu ?

1	2	3	4
[ã] ou [ɛ̃/œ̃]	[ã] ou [ɛ̃/œ̃]	[ã] ou [ɛ̃/œ̃]	[ã] ou [ɛ̃/œ̃]

[ã] comme dans *slogan*.

[ɛ̃/œ̃] comme dans *moins*.

B. À deux, dans l'unité, cherchez 2 autres mots avec le son [ã] et 2 avec le son [ɛ̃/œ̃].

L'HISTOIRE DE LA PUBLICITÉ

La publicité est un moyen de communication utilisé pour vendre des produits ou des services. Elle est aussi utilisée par des associations et institutions pour promouvoir leurs actions.

Les origines

Dans les anciennes civilisations et jusqu'au Moyen Âge, la publicité faisait surtout la promotion de responsables politiques. En Europe, l'affiche publicitaire naît au XVe siècle avec le développement de l'imprimerie.

La publicité moderne

La publicité commerciale s'est développée avec la révolution industrielle, au XIXe siècle. Les premières publicités apparaissent dans les journaux et dans les cinémas, à la fin du siècle. De grands artistes peintres réalisent des affiches. Le sponsoring d'événements sportifs apparaît aux États-Unis.

Lis les textes et réponds aux questions.

a. Quand sont apparues les premières affiches publicitaires en Europe ?

b. Où a été inventé le sponsoring sportif ?

c. Quelles techniques publicitaires sont devenues habituelles au XXe siècle ?

d. Quelles sont les modes et techniques actuelles dans la publicité ?

L'explosion publicitaire

Au XXe siècle, la publicité devient audiovisuelle avec la radio et la télévision. Elle prend de plus en plus de place. L'utilisation de logos, de slogans, la promotion par des célébrités, ou le découpage du public (par âges, par sexes, etc.) deviennent des techniques banales. Les premiers mouvements antipubs apparaissent dès les années 1970.

DU PUBLIC À L'INTIME

Cherche une publicité. De quand date-t-elle ? Ressemble-t-elle (ou pas) aux autres publicités de son époque ?

Le virtuel et le sensoriel

Au XXIᵉ siècle, Internet devient peu à peu le premier média publicitaire. Les blogs, les forums, les réseaux sociaux se remplissent de publicités. Interactives, elles demandent au public de participer. Les publicités qui font appel aux cinq sens sont aussi en plein essor. La publicité devient de plus en plus personnelle… Et plus efficace ?

1 Vue d'ensemble

Regarde la vidéo et réponds aux questions.

a. De quel type de vidéo s'agit-il ?

☐ Un reportage.

☐ Un clip de musique.

☐ Un film de fiction.

b. Où a été tournée cette vidéo ?

c. Que font les gens filmés dans cette vidéo ?

2 Les affiches

Quels sont les sujets traités sur les affiches qu'ils collent ?

☐ La télévision.   ☐ La sécurité.

☐ La nourriture.   ☐ L'écologie.

☐ Les banques.   ☐ Le sport.

3 Ton opinion

Que penses-tu de ces actions ? Existe-t-il des groupes semblables dans ta ville ou ta région ?

Action antipub dans le métro

Réaliser une contre-publicité

1. Le choix du message

- ▶ En groupe, nous choisissons un produit ou service (objet, destination touristique, plat, moyen de transport...).
- ▶ Nous notons un ou deux défauts de ce produit. L'affiche doit donner des raisons de ne pas acheter ce produit.
- ▶ Nous rédigeons un slogan ou un message. Plus il est exagéré, mieux c'est.

2. L'affiche

- ▶ Nous décidons comment illustrer notre affiche. Nous pouvons dessiner le produit, faire un collage, prendre des photos...
- ▶ Nous choisissons un style pour écrire notre slogan ou message.
- ▶ Nous répartissons le texte et les images sur l'affiche.

3. La présentation

- ▶ Nous présentons notre affiche à la classe.
- ▶ Nous expliquons pourquoi nous avons choisi ce produit et pourquoi il ne faut pas l'acheter.

ET MAINTENANT...

À partir des affiches, faites une non-liste de courses, avec les produits que vous avez le moins envie d'acheter.

Ils font la queue pour acheter la banane LA PLUS CHERE DU MONDE

Jaune et sucrée, comme TOUTES LES BANANES DU MONDE

Conseils pratiques

Dans la publicité, le visuel est aussi important que le texte. Utilisez de grandes feuilles et cherchez des images fortes. Vous pouvez aussi réaliser une affiche numérique et la projeter devant la classe.

Teste tes connaissances !

Lis les phrases et choisis la bonne réponse. Puis compare avec un camarade.

1 – Petite, j'… blonde
a. étaient
b. étais
c. était

2 – Nous … un chien qui s'appelait Rocky.
a. avions
b. étions
c. allions

3 – Avant, les gens passaient … de temps au téléphone.
a. aussi
b. moins
c. mieux

4 – J'adore les sciences ! J'aime … la biologie que les mathématiques.
a. aussi
b. autant
c. meilleur

5 – Mon enfance a été la … période de ma vie !
a. meilleur
b. moins
c. pire

6 – Cette photo est chouette ! Elle est … que l'autre !
a. mal
b. mieux
c. plus

7 – Tu sais à qui est … cahier ?
a. ce
b. ces
c. cet

8 – J'ai écrit … histoire quand j'avais 12 ans.
a. ce
b. cet
c. cette

9 – A l'époque, il n'y avait pas … Internet.
a. déjà
b. encore
c. plus

10 – Je ne dors … avec la lumière allumée.
a. déjà
b. encore
c. plus

11 – Ce produit ? Je … ai déjà essayé, il ne marche pas.
a. l'
b. la
c. le

12 – Je ne regarde jamais les pubs. Moi, j'aime bien … regarder
a. la
b. le
c. les

13 – Tu n'as pas encore acheté ton billet de train ? Achète-… tout de suite !
a. la
b. le
c. les

14 – Vous préférez ces slogans ou … ?
a. celle-ci
b. celles-là
c. ceux-là

15 – La meilleure solution, c'est … !
a. celui-là
b. celle-là
c. ceux-là

16 – On va voir quel film ?
– … . L'autre, on l'a déjà vu.
a. Celui-là
b. Celle-là
c. Celles-là

17 – De toutes les affiches, c'est…
a. la plus drôle.
b. le plus drôle.
c. plus drôle.

18 – C'est … des publicités !
a. mauvaise
b. la mauvaise
c. la pire

19 – Je … de ne rien acheter, si je veux.
a. suis trop
b. suis libre
c. suis obligé

20 – Nous avons juste … de temps pour préparer les vacances.
a. trop
b. assez
c. pas assez

Note : ☐ /20

L'abolition de l'esclavage

Les esclaves sont des êtres humains qui appartiennent à d'autres personnes. Ils sont traités comme des animaux ou des marchandises. L'abolition de l'esclavage, c'est-à-dire son interdiction, a été une des plus grande avancées de l'histoire de l'humanité.

1

A. L'esclavage n'a pas été interdit partout en même temps. Dans les pays francophones, les abolitions définitives ont eu lieu à différents moments. Place les dates dans l'ordre sur la frise chronologique.

Belgique : 1889   Mali : 1845   Île Maurice : 1835   Haïti : 1793   Seychelles : 1835   Québec : 1834

France et plusieurs de ses colonies d'alors (Guadeloupe, Martinique, Réunion, Guyane, Sénégal) : 1848

XVIIᵉ siècle	XVIIIᵉ siècle	XIXᵉ siècle	XXᵉ siècle	XXIᵉ siècle

B. Parmi ces pays francophones, quel est celui où l'esclavage a été aboli en premier ? Et en dernier ?

C. Est-ce que l'esclavage a existé dans ton pays ?

2

A. Lisez ce texte et répondez, en groupes, aux questions suivantes :
1. Y a-t-il encore des esclaves ?
2. Quelles sont les nouvelles formes d'esclavage ?
3. Les esclaves modernes sont-ils nombreux ?

Malgré son interdiction dans tous les pays du monde, l'esclavage existe encore. De nombreuses personnes sont privées de leurs droits et de leurs libertés fondamentales. Enfants soldats, prostitués, travailleurs clandestins, travailleurs domestiques auxquels on a pris leurs papiers... Il existe encore aujourd'hui des dizaines de millions d'esclaves sur les cinq continents.

B. En groupes, cherchez trois organisations ou associations qui luttent contre l'esclavage moderne dans le monde ou dans un pays précis.

L'histoire du cirque

Un cirque est une troupe d'artistes qui réalise des spectacles impressionnants, drôles, magiques et, de plus en plus, poétiques.

1 En Méditerranée et en Europe de l'Ouest, le cirque a une très longue histoire. Associe les textes et les images pour la reconstituer.

les cirques antiques

bouffons et saltimbanques

le cirque traditionnel

le nouveau cirque

Un chapiteau, des clowns, des tours de magie, des animaux dangereux, des performances incroyables : ce sont les grands classiques du cirque traditionnel européen depuis le XIXᵉ siècle.

Le cirque a plus de 3 000 ans. Dans l'Égypte, la Grèce et la Rome antiques, il existait des spectacles mélangeant humains et animaux, des sports, des arts et des combats.

Pendant des siècles, les rois avaient des bouffons pour les amuser. Alors que les saltimbanques étaient des artistes qui présentaient leurs spectacles au peuple, dans la rue.

Pas d'animaux, mais beaucoup d'humour, de poésie et de travail collectif : depuis 1970, le cirque contemporain raconte des histoires et met tous les arts au service du rêve.

2 Y a-t-il des cirques traditionnels dans ton pays ? Et des cirques contemporains ? En groupes, faites des recherches et présentez une troupe ou un spectacle à la classe.

3 De nombreux cirques mélangent aujourd'hui des éléments du cirque traditionnel et du nouveau cirque. À deux, composez le programme d'un spectacle de cirque en choisissant parmi les numéros ci-dessous. Vous pouvez bien sûr en ajouter d'autres.

cracheurs et cracheuses de feu

acrobates

clowns

funambules

dompteurs et dompteuses

jongleurs et jongleuses

cavaliers et cavalières

musiciens et musiciennes

Vous savez déjà faire beaucoup de choses !

Vous allez faire le bilan de ce que vous avez appris dans les unités 3 et 4.
En petits groupes, complétez ces encadrés avec d'autres phrases.
Vous pouvez utiliser de grandes feuilles pour ensuite les coller sur les murs de la classe.

Communiquer par courrier

— *Chère Marie / Salut Leïla*
— *Nous te souhaitons un joyeux anniversaire !*
— *Je vous embrasse.*
— *À bientôt !*

Évoquer des époques différentes

— *À cette époque, les Européens faisaient travailler des esclaves.*
— *Pendant la Renaissance, il y avait des guerres de religion en France.*

Comparer le présent au passé

— *Avant, tes cheveux étaient plus bouclés que maintenant.*
— *Aujourd'hui, je ne crois plus aux extraterrestres.*
— *Les vélos d'aujourd'hui ne sont pas très différents des premiers vélos...*

Parler d'un sujet de société (la publicité)

— *La publicité ne m'influence pas du tout.*
— *Tu préfères quelle affiche, celle-ci ou celle-là ?*
— *Combien de publicités as-tu reçues hier ?*

Exprimer l'envie, le besoin, l'obligation

— *J'ai envie de changer de parfum.*
— *En voyage, j'ai besoin de dormir.*
— *On est obligés de voir des pubs, il y en a partout.*

Se positionner pour ou contre quelque chose

— *Nous sommes surtout pour la consommation responsable.*
— *Je ne suis pas d'accord avec vous.*
— *Luttons contre la pub et pour la planète !*

Suspense...

Notre projet final

Enregistrer un récit audio à suspense

Dans cette unité, nous allons...

- raconter une histoire au passé
- structurer un récit oral ou écrit
- Interpréter et modifier un récit

L'homme qui faisait du bruit

Ça commence...

1 C'est l'histoire de...

A. Observe ces images et classe les éléments dans le tableau.

une brosse à dents

une ville

un désert

une pirate

un vampire

un skate

une baguette magique

un bonnet

un parc d'attraction

un château

un savant

un badge

un prince

des sœurs jumelles

un fantôme

un labyrinthe

lieux	objets	personnages

B. À quelles images correspondent ces trois débuts d'histoires ?

C'est l'histoire d'une pirate qui n'aimait pas la mer et qui voulait vivre dans le désert. Ses cousins lui ont offert un bonnet magique, qui se remplit d'eau douce quand...

Il était une fois, un skate qui se promenait tout seul dans les rues de la ville quand, tout à coup, il a rencontré un prince. Le prince était perdu et avait besoin d'aide pour...

Un château habité par des vampires en avait marre de ses habitants. Son amie la tour lui a conseillé d'organiser une révolution de brosses à dents...

C. Une histoire commence avec une situation de départ et un événement ou un changement. Dans ces trois débuts d'histoires, quelles sont les situations de départ ? Quels sont les événements ou changements ? À quoi les reconnais-tu ?

D. Choisis au moins un lieu, un objet et un personnage. Avec ces éléments, invente le début d'une histoire. Un lieu ou un objet peut être le héros ou l'héroïne de ton histoire.

C'est l'histoire d'un fantôme qui voulait porter des badges...

2 La fabrique des titres

 A. Quels sont les thèmes que tu préfères dans une histoire ?
Cherche deux mots qui te font penser à ces thèmes dans
le nuage de mots.

l'aventure   l'amour   le mystère   le voyage

le rêve   la science   l'humour   autre : ...

 B. Écoute Redouane raconter le roman qu'il est en train
de lire à Norma. Quel est le titre de ce roman ? De quoi
parle-t-il ?

Piste 17

Matin Brun[1]   Le Grand Cahier[2]

Le Mystère de la chambre jaune[3]

 C. À deux, choisissez chacun 2 noms et 2 adjectifs dans le
nuage de mots. Accordez-les en genre et en nombre pour
inventer des titres. Choisissez le titre que vous préférez.

Le Bateau mystérieux.

 D. Mettez tous vos titres préférés en commun. De quelle(s)
histoire(s) peuvent-ils être les titres ?

● *Celui-là, c'est le titre d'une histoire de pirates.*

Nos outils

L'imparfait et le passé composé

– *Elle **voulait** vivre dans le désert. Ses cousins lui **ont offert** un bonnet magique,*

– *Un skate **se promenait** tout seul dans les rues de la ville quand, tout à coup, il **a rencontré** un prince étranger.*

Raconter une histoire

● *Qu'est-ce que ça **raconte** ?*
○ *C'est deux jumeaux **qui** vivent dans un pays en guerre.*

● *Ça **parle de** quoi ?*
○ *C'est l'histoire d'une pirate qui n'aimait pas la mer.*

Venir de / Être en train de

– *Je suis en train de lire un livre génial.*

– *Je viens de finir ce livre.*

+ d'activités ▶ p. 74-75

1. Franck Pavloff, *Matin Brun*, Éditions Cheyne, 2002.

2. Agota Kristof, *Le Grand Cahier*, Éditions du Seuil, 1986.

3. Gaston Leroux, *Le Mystère de la chambre jaune*, 1908.

Qu'est-ce qui se passe ?

1 La recette du suspense

A. Lis les messages postés sur ce forum. Quel est le thème de la discussion ?

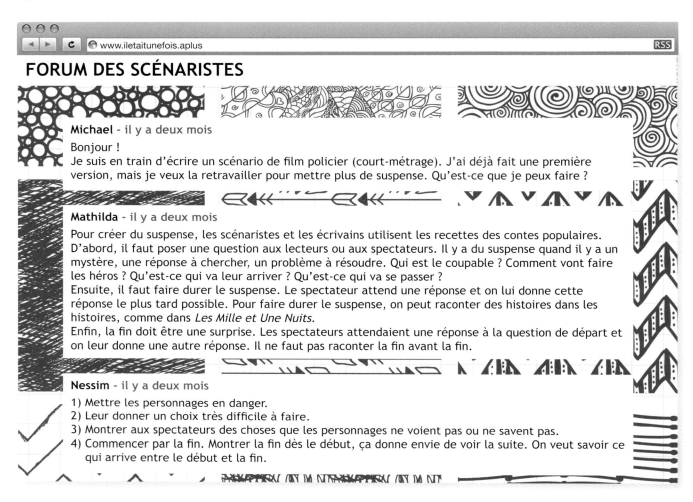

www.iletaitunefois.aplus

RSS

FORUM DES SCÉNARISTES

Michael - il y a deux mois

Bonjour !
Je suis en train d'écrire un scénario de film policier (court-métrage). J'ai déjà fait une première version, mais je veux la retravailler pour mettre plus de suspense. Qu'est-ce que je peux faire ?

Mathilda - il y a deux mois

Pour créer du suspense, les scénaristes et les écrivains utilisent les recettes des contes populaires. D'abord, il faut poser une question aux lecteurs ou aux spectateurs. Il y a du suspense quand il y a un mystère, une réponse à chercher, un problème à résoudre. Qui est le coupable ? Comment vont faire les héros ? Qu'est-ce qui va leur arriver ? Qu'est-ce qui va se passer ?
Ensuite, il faut faire durer le suspense. Le spectateur attend une réponse et on lui donne cette réponse le plus tard possible. Pour faire durer le suspense, on peut raconter des histoires dans les histoires, comme dans *Les Mille et Une Nuits*.
Enfin, la fin doit être une surprise. Les spectateurs attendaient une réponse à la question de départ et on leur donne une autre réponse. Il ne faut pas raconter la fin avant la fin.

Nessim - il y a deux mois

1) Mettre les personnages en danger.
2) Leur donner un choix très difficile à faire.
3) Montrer aux spectateurs des choses que les personnages ne voient pas ou ne savent pas.
4) Commencer par la fin. Montrer la fin dès le début, ça donne envie de voir la suite. On veut savoir ce qui arrive entre le début et la fin.

B. Dans quel ordre trouve-t-on habituellement les éléments d'une histoire ? Associe les étiquettes.

D'abord	le milieu
Ensuite	la fin
Enfin	le début

C. Est-ce que connaître (un peu) la fin d'une histoire te donne plus envie de connaître la suite ? Poste un commentaire sur le forum.

Je n'aime pas quand les films commencent par la fin : ça ne me donne pas envie de voir la suite.

D. En groupes, cherchez des œuvres (films, séries télévisées, romans, bandes dessinées) qui utilisent ces recettes pour créer du suspense.

- *Le film Titanic commence par la fin : l'héroïne est très vieille au début du film.*

5

2 Les bruits du mystère

 A. Écoute ces bruits et associe chacun à une photographie.

Piste 18

a

une porte qui grince

b

la pluie qui tombe

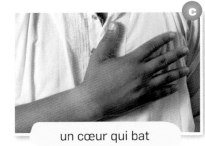
c

un cœur qui bat

d

le tic-tac d'une horloge

 B. À quoi te font penser ces bruits ? Quel est celui qui est, pour toi, le bruit du suspense ? Discutez-en à deux.

● *Pour moi, le bruit du suspense, c'est le bruit de la porte ; parce qu'on ne sait pas qui va entrer...*

 C. Les bruits que tu as écoutés sont des bruitages : des bruits artificiels qu'on utilise à la radio ou au cinéma. Saurais-tu deviner avec quoi ils ont été faits ?

Piste 18

1

un réveil

2

un morceau de tissu

3

des mains

4

une bouteille de soda

 D. Est-ce que vous connaissez ou voulez connaître d'autres bruitages ? En groupes, faites des recherches sur les bruits que vous voulez apprendre à reproduire.

● *Moi, j'aimerais savoir faire le bruit du vent dans les arbres.*

Solutions : a-4 ; b-3 ; c-2 ; d-1.

Nos outils

L'organisation du récit

- *D'abord*, il faut poser une question.
- *Ensuite*, il faut faire durer le suspense.
- *Enfin*, il faut tenir ses promesses.

Les pronoms COI

Je	me / m'
Tu	te / t'
Il / Elle / On	lui
Nous	nous
Vous	vous
Ils / Elles	leur

Se passer / Arriver

- *Qu'est-ce qui va **se passer** ?*
- *Qu'est-ce qui va leur **arriver** ?*
- *On veut savoir ce qui **arrive** entre le début et la fin.*

+ d'activités ▶ p. 74-75

Fin !

1 Ça finit comment ?

 A. Voici trois fins du conte *Le Petit Chaperon Rouge*. Associe chaque fin à une illustration. Connais-tu d'autres versions de cette histoire ?

1

2

3

a Le loup arrive le premier chez la grand-mère et la mange. Ensuite, il attend le Petit Chaperon Rouge et lui dit d'entrer. Et, quand elle entre, il la mange aussi.

b Le loup suit le Petit Chaperon Rouge chez sa grand-mère. Elles comprennent que le loup veut les manger. Alors, pour se défendre, le Petit Chaperon Rouge tue le loup.

c Le loup est entré dans la maison. Il va manger le Petit Chaperon Rouge et sa grand-mère. Mais elles crient et un chasseur les entend. Il tue le loup et leur sauve la vie.

Piste 19

B. Arsène et Agatha adaptent *Le Petit Chaperon Rouge* pour la radio de leur collège. Écoute leur discussion. Quelle fin choisissent-ils ?

 C. Fin heureuse ou fin malheureuse ? Classe les trois fins (a, b et c) dans le tableau suivant.

histoire qui finit bien	histoire qui finit mal

 D. En général, tu préfères quand ça finit bien ou quand ça finit mal ? Discutez-en à deux.

● *Je préfère les histoires qui finissent bien. Je n'aime pas quand ça finit mal.*

2 La chute

 A. Regarde (très lentement) cette bande dessinée. Où sont ces cow-boys ? Que font-ils dans chaque case ?

Nos outils

La place des pronoms compléments

- **Pronoms COD**
  – Le loup arrive le premier chez la grand-mère et **la** mange.
  – Mais elles crient et un chasseur **les** entend.
- **Pronoms COI**
  – Il **lui** dit d'entrer.
  – Un chasseur **leur** sauve la vie.

Le préfixe *re-*

  – Sinon, on peut **re**prendre la version avec le chasseur.
  – Tu veux **ré**écrire le conte ?

Pendant ce temps

  – Le Petit Chaperon Rouge continue sa route, tranquille. **Pendant ce temps**, le loup arrive chez la grand-mère et la mange.

+ d'activités ▶ p. 74-75

 B. Pourquoi la fin est-elle surprenante ? Qu'est-ce que tu penses de cette fin ?

● *Je trouve que c'est une fin très drôle.*

 C. Quelles autres fins sont possibles ? À deux, imaginez une autre dernière case pour cette bande dessinée.

Ils se regardent et, à la fin, ils remettent leurs lunettes de soleil.

 D. Comparez vos différentes fins. Quelles sont les plus surprenantes ? les plus drôles ? les plus tristes ?

LE SAIS-TU ?

Ce jeu a été inventé en Chine et il a été diffusé dans le monde par les Japonais. On y joue dans de nombreux pays francophones. Il s'appelle «pierre-feuille-ciseaux» en France, «roche-papier-ciseaux» au Québec et «feuille-caillou-ciseaux» en Suisse.

Source : Wikipedia 2016

Plus d'activités sur
espacevirtuel.emdl.fr

1 L'imparfait et le passé composé

L'imparfait et le passé composé permettent de raconter une histoire au passé.

En général, on utilise **l'imparfait** pour décrire les situations, les décors, les indications temporelles, les personnages, leurs habitudes et leurs sentiments.

En général, on utilise **le passé composé** pour indiquer les faits, les actions ou les émotions ponctuelles, les événements qui arrivent à un moment précis.

Il rentrait chez lui. Il faisait nuit.
(imparfait)

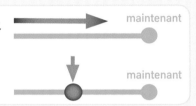

maintenant

Il a fait une rencontre étrange.
(passé composé)

maintenant

A. Mets l'histoire suivante au passé en mettant les verbes soulignés à l'imparfait ou au passé composé.

Une horloge se sent vieille et fatiguée. Elle veut redevenir un réveil, comme avant. Elle demande de l'aide à la baguette magique. La baguette lui dit : « D'accord, si tu arrêtes le temps. » L'horloge refuse d'arrêter le temps. Elle ajoute : « C'est beau, le temps qui passe. Si le temps ne passe plus, il n'y a plus de vie ! » La baguette sourit et lui dit : « Alors pourquoi veux-tu redevenir un réveil ? »

B. À deux, choisissez 3 verbes que vous connaissez en français. Avec ces verbes (et d'autres si besoin), écrivez une courte histoire au passé.

2 *Venir de / Être en train de*

Venir de et **être en train de** donnent une précision temporelle sur une action, par rapport à un moment ou une action de référence. Ils sont suivis d'un verbe à l'infinitif.

Venir de introduit une action qui s'est produite juste avant le moment ou l'action de référence.
— *J'ai peur ! Elle **vient de** me raconter une histoire de fantômes.*

Être en train de introduit une action qui a lieu en même temps que le moment ou l'action de référence.
— *Attends ! Elle **est en train de** me raconter une histoire de fantômes. Je veux connaître la fin.*

C. À deux, regardez cette image et racontez ou imaginez...

1. ce que les personnages viennent de faire.
2. ce qu'ils sont en train de faire.

3 Organiser un récit

Pour raconter une histoire ou un événement passé, on utilise des repères pour marquer l'ordre des actions dans le temps.

D'abord et **au début** introduisent ce qui arrive en premier.
— ***D'abord**, le frère et la sœur sont séparés.*

Ensuite indique ce qui arrive après, par la suite.
— ***Ensuite**, elle fait un long voyage pour le retrouver.*

Pendant ce temps introduit les actions qui se passent en même temps, au même moment.
— ***Pendant ce temps**, il arrive plein d'aventures à son frère.*

Enfin et **à la fin** permettent de raconter comment l'histoire se termine.
— ***À la fin**, ils se retrouvent et ils font la fête.*

D. Remets cette histoire dans l'ordre, en utilisant *d'abord / au début, ensuite / après, en même temps / pendant ce temps* et *enfin / à la fin*.

1. La nouvelle famille est acceptée dans le village.
2. Les adultes du village ne veulent pas parler aux parents parce qu'ils sont différents.
3. Une nouvelle famille arrive dans le village.
4. Les jeunes du village deviennent amis avec les jeunes de la nouvelle famille. Ils sont différents, mais ils sont sympas.

4 Les pronoms COI

Les pronoms compléments d'objets indirect (COI) permettent d'économiser des mots et d'éviter les répétitions. Ils remplacent les compléments des verbes construits avec la préposition **à**. En général, ils se placent juste avant le verbe.

— *Il a dit <u>au bruiteur</u> de faire le bruit de la pluie.*

→ *Il **lui** a dit de faire le bruit de la pluie.*

singulier	Je	**me / m'**
	Tu	**te / t'**
	Il / Elle / On	**lui**
pluriel	Nous	**nous**
	Vous	**vous**
	Ils / Elles	**leur**

! Quand le verbe est à l'impératif, le pronom COI se place après le verbe, relié par un trait d'union.

— *Demande <u>à ta sœur</u> de raconter la suite.*

→ *Demande-**lui** de raconter la suite.*

E. Dans les phrases suivantes, quel complément est remplacé par un pronom COI ? Associe les phrases et les compléments proposés.

1. Tu m'as fait peur avec ton histoire de vampires !
2. Il lui a tout raconté, même la fin.
3. On vous a dit tout ce qui s'est passé ?
4. Elle leur a proposé de participer à un concours de romans fantastiques.
5. Elle t'a plu, mon histoire ?
6. Ils nous ont prêté une série policière.

a. à toi
b. à moi
c. à Laura et moi
d. à ses amis
e. à sa sœur
f. à toi et tes amis

5 *Se passer / Arriver*

Se passer et **arriver** sont deux verbes très proches, parfois interchangeables. Ils se conjuguent tous deux à la 3ᵉ personne.

— *Il **s'est passé** quelque chose ? = Il **est arrivé** quelque chose ?*

Arriver est le plus souvent utilisé pour un événement ponctuel et il peut avoir un complément d'objet indirect.

— *Il **m'est arrivé** une aventure incroyable !*

Se passer est le plus souvent utilisé pour donner le contexte d'une histoire ou pour parler d'une suite d'événements. Il n'a pas de complément d'objet indirect.

— *Cette histoire **s'est passée** il y a longtemps, dans un autre pays.*

F. Complète les phrases en conjuguant *se passer* ou *arriver* au présent.

1. Cette histoire ... à Marseille.
2. Oublier les noms des personnages, ça m'... très souvent.
3. Ça ... à quelle époque ?
4. Il nous ... toujours plein d'aventures.
5. Et toi, ça t'... de lire la fin avant de commencer un livre ?

Phonétique Les sons [œ] et [e/ɛ]

 A. Écoute les phrases et note l'ordre dans lequel tu entends les sons, comme dans l'exemple.

Piste 20

	1	2	3	4	5
[œ]	1				
[e/ɛ]	2				

[œ] comme dans *h**eu**re*

[e/ɛ] comme dans *r**é**cit* ou *myst**è**re*

B. À deux, combinez les éléments suivants pour dire un maximum de phrases différentes.

1. hier / tout à l'heure
2. je racontais / j'ai raconté
3. le début / les débuts

MAG .COM LITTÉRATURE POLICIÈRE

Les romans à suspense racontent des enquêtes policières, des aventures étranges, des mondes mystérieux. Leur point commun ? On ne peut pas s'arrêter de les lire avant de connaître la fin.

Voici trois romans pleins de mystères, de fantastique et de suspense. Observe ces couvertures. Aide-toi des titres et des illustrations pour retrouver le résumé de chaque livre sur la page de droite.

Le Fantôme de la tasse de thé de L. Hearn, J.-P. Depotte, N. M. Zimmermann et J. Noirez. © Éditions Issekinicho, 2015.

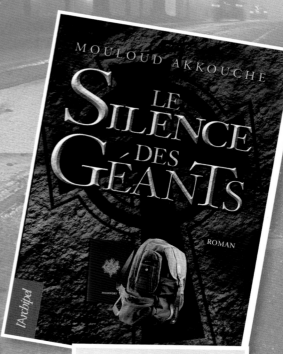

Le Silence des Géants de Mouloud Akkouche. © Éditions de l'Archipel, 2009.

Menace sur le réseau de Laurent Queyssi. © Rageot Éditeur, 2015.

ET ROMANS FANTASTIQUES

À ton avis, qu'est-ce qui donne le plus envie de lire un roman ou une bande dessinée ?

a. Le titre.

b. Le nom de l'auteur.

c. La couverture.

d. Le résumé.

e. Les conseils des amis.

Passionné d'informatique, Adam est enchanté de s'installer en Californie. Son amie Emma lui a trouvé du travail dans un studio de cinéma. Il visite même le laboratoire secret de la multinationale qui contrôle Internet. Mais Emma est enlevée et Adam est obligé de créer un virus superpuissant...

Cherche un livre ou une bande dessinée avec une histoire qui t'intéresse. À deux, discutez des histoires que vous avez choisies.

Dans le Japon des légendes, un samouraï avale un fantôme qui se trouvait dans une tasse de thé. Que va-t-il lui arriver ? L'Irlandais Lafcadio Hearn a recueilli cette histoire fantastique mais inachevée au Japon. Trois écrivains français lui inventent une fin.

À 20 ans, Julie prend son sac-à-dos et part de chez ses parents. Elle vient de découvrir que son père, quand il était jeune, n'a pas aidé un jeune homme blessé. Cet homme est encore vivant. Julie part à sa recherche. Va-t-elle le retrouver ? Peut-on réparer le passé ?

MAG.TV

1 Les bruits

Écoute les 15 premières secondes de la vidéo, sans regarder les images. Coche les sons que tu entends.

☐ De la musique. ☐ Des pas.

☐ La pluie. ☐ Une voiture.

☐ Un chien. ☐ Un coup de feu.

2 Vrai ou faux ?

Regarde la vidéo avec le son et l'image, et réponds par *Vrai* ou *Faux*.

a. Patrick Martinache est comédien.

b. Il a travaillé pour le feuilleton *Millénium*.

c. Quand ils jouent dans un feuilleton radio, les comédiens lisent leur texte.

3 Le rôle du bruiteur

Que fait le bruiteur pendant le tournage ? Coche les bonnes réponses.

☐ Il parle.

☐ Il fait des bruits.

☐ Il aide les comédiens à bouger.

☐ Il lit un texte.

L'homme qui faisait du bruit

Enregistrer un récit audio à suspense

1. L'histoire

▶ En groupes, nous choisissons une histoire que nous voulons adapter en récit audio.

▶ Nous cherchons le texte (si l'histoire est courte) ou un résumé de cette histoire.

▶ Nous décidons des passages qui vont être lus en voix-off et des passages de dialogues.

2. Le travail des sons

▶ Nous sélectionnons les bruits que nous voulons utiliser.

▶ Nous cherchons comment nous pouvons enregistrer ces bruits, ou les imiter par des bruitages.

▶ Nous décidons des endroits du récit où nous allons placer ces bruitages.

▶ Nous nous entraînons à lire nos textes. Nous travaillons les silences et les pauses pour donner du suspense.

3. L'enregistrement

▶ Nous nous répartissons les rôles, entre comédiens et bruiteurs.

▶ Nous enregistrons notre récit.

▶ Nous faisons écouter notre récit à la classe.

ET MAINTENANT...
Comparez les différentes histoires. Lesquelles sont pleines de mystère ? Font-elles peur ? Sont-elles drôles ? Lesquelles ont une fin surprenante ?

Conseils pratiques

Vous pouvez enregistrer votre récit avec un téléphone portable ou un dictaphone. Vous pouvez aussi travailler avec un logiciel d'édition sonore pour ajouter, enlever ou déplacer des sons.

Notre projet final

Faire un concours de planètes imaginaires

Dans cette unité, nous allons...

• nous projeter dans l'avenir

• parler d'inventions et d'innovations

• formuler des hypothèses et des possibilités

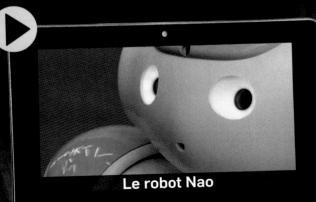

Le robot Nao

Moi, je serai...

1 Ma vie dans vingt ans...

A. Lis les messages postés par Mylène et ses amis. Quel(s) avenir(s) te plai(sen)t le plus ?

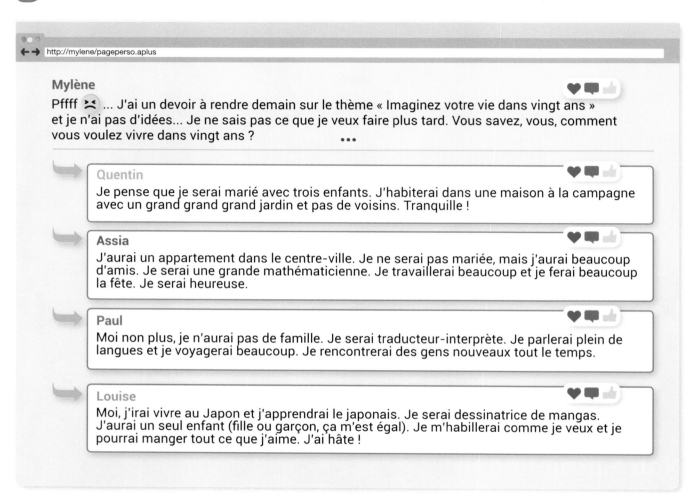

http://mylene/pageperso.aplus

Mylène

Pffff 😣 ... J'ai un devoir à rendre demain sur le thème « Imaginez votre vie dans vingt ans » et je n'ai pas d'idées... Je ne sais pas ce que je veux faire plus tard. Vous savez, vous, comment vous voulez vivre dans vingt ans ? **...**

Quentin
Je pense que je serai marié avec trois enfants. J'habiterai dans une maison à la campagne avec un grand grand grand jardin et pas de voisins. Tranquille !

Assia
J'aurai un appartement dans le centre-ville. Je ne serai pas mariée, mais j'aurai beaucoup d'amis. Je serai une grande mathématicienne. Je travaillerai beaucoup et je ferai beaucoup la fête. Je serai heureuse.

Paul
Moi non plus, je n'aurai pas de famille. Je serai traducteur-interprète. Je parlerai plein de langues et je voyagerai beaucoup. Je rencontrerai des gens nouveaux tout le temps.

Louise
Moi, j'irai vivre au Japon et j'apprendrai le japonais. Je serai dessinatrice de mangas. J'aurai un seul enfant (fille ou garçon, ça m'est égal). Je m'habillerai comme je veux et je pourrai manger tout ce que j'aime. J'ai hâte !

B. Quels sont les choix de vie cités par les amis de Mylène ?

vivre en ville

vivre à la campagne

habiter au bord de la mer

avoir un jardin

avoir des animaux

ne pas être marié(e)

être marié(e)

ne pas avoir d'enfant

avoir des enfants

connaître d'autres pays

parler d'autres langues

C. Créez des cartes de couleurs avec un choix de vie sur chacune. Aidez-vous des rubriques suivantes. Ensuite, mélangez toutes les cartes.

PAYS	MÉTIER	FAMILLE
LOISIRS	LOGEMENT	STYLE

D. À deux, piochez chacun une carte de chaque couleur, sans les regarder. Donnez ces cartes à votre camarade et demandez-lui de vous lire l'avenir.

- *Dans vingt ans, tu vivras en Chine. Tu seras pilote et tu habiteras dans un château.*

2 Mon futur métier

A. Quel est le nom de chaque métier ? Associe chaque photo à sa légende.

| pâtissier | cascadeuse | médecin | astronaute |

Piste 21

B. Un journaliste demande à un groupe de jeunes ce qu'ils feront plus tard. Écoute le micro-trottoir et complète le tableau, en indiquant qui est sûr(e) ou pas de son avenir.

	C'est sûr !	Peut-être...	Aucune idée !
Jeune 1	✗		
Jeune 2			
Jeune 3			
Jeune 4			
Jeune 5			

C. Écris un petit texte où tu décris ce que tu feras plus tard, mais sans dire le métier.

Je m'entraînerai tous les jours avec mon équipe. Je jouerai dans plein de pays différents. Je porterai un short et un maillot, peut-être le numéro 11.

D. À deux, échangez vos textes et essayez de deviner quel sera le métier de votre camarade.

● *Je crois que tu seras footballeuse professionnelle !*
○ *Oui !*

Nos outils

Le futur simple

– Je **serai** dessinatrice de mangas.
– J'**aurai** beaucoup d'amis.
– J'**habiterai** dans une maison à la campagne.
– Je **parlerai** plein de langues.
– Je **m'habillerai** comme je veux.

Plein (de) et beaucoup (de)

– Je parlerai **plein de** langues et je voyagerai **beaucoup**.
– Je ne serai pas mariée, mais j'aurai **beaucoup d'**amis.

Sûr et pas sûr

• **C'est sûr**
– C'est **sûr** !
– Moi, **je sais** ! Je serai cascadeuse, dans les films.

• **Peut-être**
– Je découvrirai **peut-être** de nouvelles planètes.
– **Je pense que** je serai marié avec trois enfants.
– **Je crois que** je serai médecin.
– Je ne suis **pas encore sûr**.

• **Aucune idée**
– Alors, moi, je n'ai **aucune idée** !
– Je n'ai **pas d'idées**.
– **Je ne sais pas** ce que je veux faire plus tard.

+ d'activités ▶ p. 86-87

C'est déjà demain

1 ## Villes et villages intelligents

A. Lis cet article de magazine sur des villes et villages différents des autres. Dans quel(s) domaine(s) sont-ils ou seront-ils en avance ?

l'architecture • l'éducation • l'agriculture • les transports • les loisirs • l'énergie

Cités intelligentes
Villes et villages du monde qui préparent le futur...

Rimbunan Kaseh

En Malaisie, Rimbunan Kaseh est un village intelligent de 100 maisons. Il a été créé pour bien utiliser les ressources naturelles et pour lutter contre la pauvreté dans les campagnes. Les maisons sont construites avec des matériaux recyclés. Les arbres fruitiers, les légumes et les céréales servent d'abord à nourrir les habitants. Dans les potagers, il y a des capteurs d'humidité pour ne pas gaspiller l'eau ni les engrais.

Masdar

Aux Émirats Arabes Unis, la ville de Masdar est un laboratoire d'énergies intelligentes. Elle promet d'être une ville sans pollution ni déchets. Le mélange d'architecture traditionnelle et de nouvelles technologies permettra de produire naturellement de la fraîcheur en été et de la chaleur en hiver. Les énergies seront renouvelables, grâce aux panneaux solaires et aux éoliennes. À Masdar, on verra si l'être humain est encore capable de vivre en ville sans abîmer la nature.

Villages connectés au Rwanda

Au Rwanda, l'État est en train de développer des villages intelligents. Si ce projet réussit, presque tous les habitants du pays auront Internet. Ils seront tous capables d'utiliser les technologies numériques. Ils pourront profiter de services sans aller dans une grande ville. Par exemple, les villageois qui n'ont ni médecin ni possibilité de se déplacer pourront consulter un médecin par Internet.

Sources : Courrier International, RFI, www.atelier.net.

B. Aimerais-tu vivre dans une de ces villes ou villages ? Pourquoi ?

- *J'aimerais vivre à Rimbunan Kaseh, parce que je n'aime pas les villes, ni Internet. Je préfère les villages.*

C. Est-ce qu'il y a des initiatives pour rendre la vie quotidienne plus facile ou pour préparer le futur dans ta ville ou ton village ?

- *Dans ma ville, il y a des panneaux solaires sur les toits des immeubles.*

D. Propose une mesure pour améliorer la vie dans ta ville ou ton village. Tu peux choisir une idée très raisonnable ou très originale, et même une idée de science-fiction.

Dans ma ville, il y aura des capteurs de tristesse. Le cirque et le chocolat seront gratuits pour les gens tristes.

2 Des villes plus vertes

A. Lis cet article d'encyclopédie. As-tu déjà entendu parler de l'agriculture urbaine ? En connais-tu des exemples ?

Agriculture urbaine

L'agriculture urbaine permet de faire pousser des produits agricoles dans les villes : arbres fruitiers, légumes, céréales, etc.

Son but est de produire des aliments là où les gens vivent, pour éviter les transports polluants. C'est aussi une façon de rendre les villes plus vertes, plus agréables.

Il existe différentes formes d'agriculture urbaine : les jardins partagés entre voisins à Paris, les potagers sur les toits des immeubles à Montréal, ou encore les fermes verticales : des gratte-ciels entièrement réservés à l'agriculture.

Culture de la vigne sur la façade d'un immeuble, à Lille.

B. Axelle, Victor et Séréna ont participé à un concours de projets de fermes verticales. Écoute leurs présentations pour retrouver le nom et les cultures de chaque ferme.

Piste 22

La ferme du monde

Des citrons, de la menthe, du jasmin et de la vanille.

La ferme des parfums

Des mangues, des goyaves, des abricots et des figues.

La ferme de l'espoir

Des haricots, des salades, des pastèques et des pommes.

C. Quelle ferme verticale te plaît le plus ? Pourquoi ?

● *Je préfère la ferme d'Axelle parce que j'adore les jus de fruits.*

D. À deux, imaginez une ferme verticale et les produits que vous aimeriez y cultiver. Comparez votre ferme à celle des autres : cultivez-vous les mêmes choses ?

● *Dans notre ferme, il n'y aura que des produits rouges : des tomates, des poivrons, des fraises...*
○ *Dans la nôtre, il y aura du maïs pour faire du pop-corn.*

Nos outils

La conjonction négative *ni*

– *Il y a des capteurs d'humidité pour ne pas gaspiller l'eau **ni** les engrais.*
– *Elle promet d'être une ville sans pollution **ni** déchets.*
– *Les villageois n'ont **ni** médecin **ni** possibilité de se déplacer.*

Être capable(s) de

– *À Masdar, on verra si l'humain **est capable de** vivre en ville sans abîmer la nature.*
– *Ils **seront** tous **capables d'**utiliser les technologies numériques.*

Les pronoms possessifs

	singulier	
	masculin	féminin
moi	le mien	la mienne
toi	le tien	la tienne
lui / elle	le sien	la sienne
nous	le nôtre	la nôtre
vous	le vôtre	la vôtre
eux / elles	le leur	la leur

+ d'activités ▶ p. 86-87

Possible ou impossible ?

1 La vie au XXIIe siècle

A. Le site www.imaginele22esiecle.net demande aux internautes de voter pour des prédictions d'avenir. À quelle(s) condition(s) pourra se réaliser chacune d'elles ?

---

http://www.imaginele22esiecle.net

À quoi ressemblera la vie au XXIIe siècle ? Sera-t-elle plus dure et plus injuste ?
Ou sera-t-elle plus belle et plus facile qu'aujourd'hui ? Apprendrons-nous à protéger la planète et à mieux vivre ensemble ?

	possible	impossible	aucune idée
Si la médecine continue à progresser, au XXIIe siècle, les humains vivront jusqu'à 200 ans.	☐	☐	☐
Si on continue à développer les robots, ils pourront penser et agir tout seuls. Les machines deviendront plus intelligentes que les humains.	☐	☐	☐
Si on n'arrête pas le réchauffement climatique, on ne pourra plus aller à la plage, même en hiver, car le soleil brûlera notre peau.	☐	☐	☐
Si les sociétés évoluent, il n'y aura plus d'inégalités entre les hommes et les femmes. Tout le monde aura les mêmes droits et les mêmes chances.	☐	☐	☐
Si personne ne fait rien, beaucoup d'animaux disparaîtront : les pandas, les tigres du Bengale, les gorilles et les tortues n'existeront plus.	☐	☐	☐
Si l'utilisation d'Internet se développe encore plus, on n'aura plus besoin de se déplacer. On fera tout à distance, sans jamais sortir du lit.	☐	☐	☐
Si on partage mieux les ressources, il y aura moins d'inégalités et tous les humains vivront mieux.	☐	☐	☐

 B. D'après toi, ces prédictions pourront-elles se réaliser ? Réponds à l'enquête, puis discutez-en en groupes.

- *Oui, je crois qu'un jour les robots seront plus intelligents que les humains. C'est possible.*
- *Moi, je crois que c'est impossible, parce que les robots sont des machines.*

 C. À deux, écrivez une prédiction pour le XXIIe siècle. Choisissez un domaine de la vie, un changement et une condition pour ce changement.

Au XXIIe siècle, si on continue à développer Internet, on n'aura plus besoin d'aller au collège. On apprendra tout à la maison.

 D. Présentez votre prédiction à la classe et discutez-en ensemble.

- *C'est possible, mais ce sera moins bien. Si les jeunes du XXIIe siècle ne vont plus au collège, ils ne verront plus beaucoup leurs amis.*

2 Vivre sur une autre planète ?

 A. Lis cet encart de magazine. Sur l'image, laquelle des deux planètes est la Terre ?

La NASA, l'agence spatiale des États-Unis, étudie les planètes habitables de l'univers. La planète Kepler 452b en fait partie. Cette planète, située à 1 400 années-lumières, est quatre fois plus grosse que la nôtre. Comme la Terre tourne autour du Soleil, Kepler 452b tourne autour de son étoile.

Sources : Le Monde et
Le Nouvel Observateur, 2015

 B. Écoute une astronome parler de Kepler 452b. Dans cette présentation, quels sont les éléments caractéristiques de la Terre, de Kepler 452b ou des deux planètes ?

Piste 23

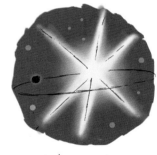

Nos outils

_Si_ + présent + futur

- **_Si_** la médecine _continue_ à progresser, les humains **vivront** jusqu'à 200 ans.
- **_Si_** on _partage_ mieux les ressources, il y **aura** moins d'inégalités et tous les humains **vivront** mieux.

Tout le monde ou _personne_

- **Tout le monde** aura les mêmes droits et les mêmes chances.
- Si **personne** ne fait rien, beaucoup d'animaux disparaîtront.

Ici, _là_ et _là-bas_

- Elle est très loin d'**ici**.
- On va rester **là** pour l'instant.
- On n'est pas près d'aller vivre **là-bas**.

+ d'activités ▶ p. 86-87

 C. En groupes, proposez une découverte qu'on fera quand on explorera Kepler 452b. Vous pouvez vous aider des catégories suivantes.

- Sur Kepler 452b, il y aura des gens qui parlent cinquante langues.
- Oui, là-bas, les gens parleront même aux plantes et aux animaux.

paysages	plantes	animaux
passage du temps	climat	populations
langues	fêtes	technologies

 D. Mettez vos propositions en commun par écrit et ajoutez des illustrations. D'après la classe, qu'est-ce qu'on découvrira sur Kepler 452b ?

Plus d'activités sur
espacevirtuel.emdl.fr

1 Le futur simple

On utilise le futur proche pour une action très proche dans le temps ou très liée au présent. Quand il y a une coupure entre le présent et le futur, on utilise plutôt le futur simple. Il permet :

- de parler de quelque chose qui va ou peut arriver mais qui n'est pas encore arrivé.
  — *Plus tard, je **serai** vétérinaire.*

- de faire une promesse.
  — *Nous **ferons** tout pour protéger la planète. C'est promis !*

- de faire une hypothèse, une prévision ou une prédiction.
  — *Si la recherche progresse, les robots **remplaceront** les humains.*

- de parler de projets ou pour convaincre.
  — *On **rendra** le monde plus juste et la planète plus propre.*

- de donner un ordre ou un conseil.
  — *Tu n'**oublieras** pas les citrons, dans ta ferme verticale.*

Pour la plupart des verbes, le futur se construit à partir de l'infinitif + les terminaisons : *-ai, -as, -a, -ons, -ez, -ont*.

Parler	
je parler**ai**	nous parler**ons**
tu parler**as**	vous parler**ez**
il/elle/on parler**a**	ils/elles parler**ont**

! Pour certains verbes, au futur simple, le radical est différent de l'infinitif.

Être	→	je **ser**ai	Venir	→	je **viendr**ai
Avoir	→	j'**aur**ai	Voir	→	je **verr**ai
Aller	→	j'**ir**ai	Savoir	→	je **saur**ai

A. Raconte à un camarade ce que tu feras dans six mois, dans un an et dans cinq ans.

B. Complète chaque phrase en conjuguant les verbes au futur simple.

Si on part vivre sur la Lune, on...
1. (dormir) ... le jour.
2. (travailler) ... la nuit.
3. (manger) ... des croissants.
4. (élever) ... des loup-garous.
5. (rêver) ... tout le temps.

2 Les pronoms possessifs

On utilise les pronoms possessifs pour remplacer un nom, tout en indiquant un rapport de possession. Ils se forment avec un article défini (**le, la, les**) + la marque de la possession, qui s'accorde en genre et en nombre avec ce qui est possédé.
— *Toi, tu as tes projets. Moi, j'ai **les miens**.*

		CE QUI EST POSSÉDÉ			
		singulier		pluriel	
		masculin	féminin	masculin	féminin
POSSESSEUR(S)	**moi**	le mien	la mienne	les miens	les miennes
	toi	le tien	la tienne	les tiens	les tiennes
	lui/elle	le sien	la sienne	les siens	les siennes
	nous	le nôtre	la nôtre	les nôtres	
	vous	le vôtre	la vôtre	les vôtres	
	eux/elles	le leur	la leur	les leurs	

C. Remplace les mots soulignés par le pronom possessif correspondant.

1. Si on ne fait rien, nos villes seront moins vertes que <u>leurs villes</u>.
2. Ton projet est plus marrant que <u>son projet</u>.
3. J'aime bien la ferme verticale de Lucas, mais j'aime aussi <u>ta ferme</u>.
4. Bien sûr que mon village est intelligent ! Et <u>ton village</u> ?
5. Il y a plein de planètes dans l'univers. Mais je préfère <u>ma planète</u>.

3 Tout le monde et personne

Tout le monde veut dire « l'ensemble des gens ». **Personne** signifie l'absence de gens (« pas une seule personne »). Le verbe qui les suit est au singulier.

- **Tout le monde** *en a une et* **personne** *ne peut la perdre. Qu'est-ce que c'est ?*
- *Une ombre !*

⚠ **Tout le monde** est utilisé dans des phrases affirmatives ou positives. Mais l'adverbe **personne** se trouve toujours dans une phrase négative. Il remplace alors le « pas » de la négation.
— **Personne** *ne sait comment sera le XXIIe siècle.*

D. Complète les phrases avec *tout le monde* ou *personne.*

Si tout va bien, dans les villes du futur, … aura un potager sur le toit ou dans la cour de son immeuble. … pourra manger des produits frais, cultivés en ville. … n'ira plus dans les fast-foods. Plus … n'aimera les produits industriels. Et on ne laissera … mourir de faim. Si … partage, il y aura à manger pour … .

4 Ici, là et là-bas

Ici, **là** et **là-bas** sont des adverbes de lieu.

Ici et **là** indiquent le lieu où se trouve la personne qui parle ou un endroit proche. Quand ils sont utilisés ensemble, **ici** indique un endroit plus proche que **là**.
— *Je suis **là**. (= Je suis **ici**.)*
— *Moi, je resterai **ici** et, toi, tu te mettras **là**, à côté.*

Là-bas désigne un endroit plus ou moins éloigné de la personne qui parle.
— *Toi Laurent, tu resteras **ici**, à côté de moi. Et toi Marion, tu seras **là-bas**, près de la fenêtre.*
— ***Là-bas**, on commencera une nouvelle vie.*

⚠ À l'oral, **là** peut aussi vouloir dire « maintenant », « en ce moment ».
— ***Là**, je n'ai pas le temps. Mais je pourrai faire ça demain si tu veux.*

E. À deux, choisissez chacun un pays, sans dire son nom. Compare la vie que tu as aujourd'hui (*ici*) avec celle que tu auras si tu vas vivre dans le pays que tu as choisi (*là-bas*). Ton camarade doit deviner de quel pays il s'agit. Ensuite, échangez les rôles.

Phonétique — Les sons [ʃ], [s] et [z]

Piste 24

A. Écoute ces phrases et note si tu entends [ʃ], [s] ou [z] dans chacune.

1	2	3	4
[ʃ] [s] [z]	[ʃ] [s] [z]	[ʃ] [s] [z]	[ʃ] [s] [z]

[ʃ] comme dans **ch**oisir

[s] comme dans *de**ss**inatri**c**e*

[z] comme dans **z**éro ou loi**s**irs

B. Formez 3 équipes : une pour le son [ʃ], une pour le son [s] et une pour le son [z]. Vous avez 3 minutes pour trouver le maximum de mots contenant votre son. Vous pouvez vous aider du manuel. L'équipe qui a trouvé le plus de mots corrects a gagné.

MAG.COM

VIVRE AVEC LES ROBOTS

De très nombreux robots sont déjà utilisés pour fabriquer des voitures, faire le ménage, explorer l'espace, faire la guerre ou simplement pour amuser les gens. Dans les années à venir, les robots seront certainement de plus en plus présents dans notre quotidien. Pour le meilleur ou pour le pire ?

ROBOTS ASTRONAUTES

Les robots sont utilisés pour explorer l'espace depuis les années 1970. Ils fonctionnent souvent à l'énergie solaire et sont pilotés par des scientifiques depuis la Terre. Les robots envoyés sur la Lune et sur Mars ont envoyé de nombreuses informations sur ces astres.

ROBOTS MÉDICAUX

De nombreux robots sont utilisés dans le domaine médical. Certains participent au tri, à la distribution et au rangement des médicaments. Les premiers robots chirurgiens opèrent même des malades. Mais ils n'agissent pas tout seuls : ils sont toujours dirigés par un médecin.

1. Parmi ces robots, y en a-t-il que tu trouves plus utiles que les autres ?
2. Les robots peuvent-ils remplacer les humains dans tous les domaines de la vie ?
3. Aimerais-tu vivre avec plein de robots autour de toi ?

ROBOTS DE COMPAGNIE

De plus en plus de robots sont développés pour tenir compagnie aux personnes seules, comme les personnes âgées ou les gens qui font de longs séjours à l'hôpital. Certains de ces robots ont l'apparence d'un animal : chat, chien, bébé phoque… On voit aussi arriver des robots baby-sitters qui s'occupent des enfants et leur lisent même des histoires !

RÊVE OU CAUCHEMAR ?

En groupes, faites des recherches sur les tout derniers modèles de robots. Présentez vos modèles et échangez vos opinions et réflexions à leur sujet.

ROBOTS AMOUREUX

Les humains peuvent-ils tomber amoureux des robots ? Cela peut arriver. Les industriels soignent de plus en plus l'apparence et la voix des robots androïdes, qui ressemblent beaucoup aux humains. Mais, si les humains peuvent tomber amoureux des robots, les robots restent des machines. Ils expriment des émotions parce qu'on les a programmés pour ça. Ils ne les ressentent pas vraiment.

1 Le robot Nao

Regarde la vidéo et réponds par *Vrai* ou *Faux*.

a. Nao ressemble à un être humain.

b. Nao ne peut pas communiquer avec les humains.

c. Nao ne parle qu'en anglais.

2 Ses capacités

Que peut faire ce robot ? Coche les bonnes réponses.

☐ Se présenter.

☐ Parler plusieurs langues.

☐ Faire la cuisine.

☐ Jouer au foot.

☐ Danser.

☐ Chanter.

3 Ton opinion

Que penses-tu du robot Nao ? Voudrais-tu avoir un robot ? Si non, pourquoi ? Si oui, pour quoi faire ?

Le robot Nao

Faire un concours de planètes imaginaires

1. La conception

▶ En groupes, nous imaginons une planète où il fera bon vivre. Nous proposons plusieurs idées et nous choisissons celle que nous préférons.

▶ Nous lui donnons un nom.

▶ Nous décidons des caractéristiques de notre planète. Nous nous demandons comment elle sera, ce qu'on y trouvera, ce qu'on pourra y faire.

2. La présentation

▶ Nous représentons notre planète sur une grande affiche, sous forme de carte, de dessin, de collage, de photo-montage, etc.

▶ Nous présentons notre planète à la classe. Nous expliquons ce qu'il y aura sur cette planète, ce qu'on pourra y faire, pourquoi ce sera bien d'y habiter.

La planète Plage

3. Le vote

▶ Nous écoutons toutes les présentations et nous notons les planètes qui nous plaisent le plus.

▶ Nous votons sur un morceau de papier pour la planète que nous préférons.

▶ Nous comptons tous les votes et nous annonçons le palmarès.

Conseils pratiques

Vous pouvez filmer votre affiche à la manière d'un « Draw my life » (unité 2) pour la faire visiter virtuellement. Vous pouvez aussi réaliser un diaporama animé sur votre planète.

ET MAINTENANT...
Posez-vous des questions pour savoir comment sont nées les planètes des différents groupes.

Teste tes connaissances !

Lis les phrases et choisis la bonne réponse. Puis compare avec un camarade.

1 – Tout à coup, le bateau
... du brouillard.
a. est sorti
b. sont sorti
c. sortait

2 – Quand il était jeune,
il ... une heure de sport
par jour.
a. a fait
b. faisait
c. fait

3 – Chut ! Ne raconte pas la
fin ! Je ... lire ce livre.
a. suis en train de
b. viens de
c. vient de

4 – Pas de chance, Willy et
Nathalie ... partir.
a. sont
b. venons de
c. viennent de

5 – ... il a cru que c'était une
blague. Après, il a vu que
c'était sérieux.
a. D'abord,
b. Finalement,
c. A la fin,

6 – Ils ont été séparés et
... ils se sont retrouvés.
a. au début
b. ensuite
c. pendant

7 – Tu as vu ton frère ? Non, je
ne ... ai pas encore vu.
a. l'
b. le
c. lui

8 – Il a frappé à la porte et
on ... a dit d'entrer.
a. le
b. leur
c. lui

9 – Nous avons oublié notre
livre. Prête-... le tien, s'il te
plaît.
a. moi
b. nous
c. vous

10 – C'est incroyable, ce qui
m'... hier soir !
a. est arrivé
b. est passé
c. arrive

11 – Un jour, on ... sur la Lune.
a. voyagera
b. voyageras
c. voyagerons

12 – Plus tard, je ... avocate.
a. serai
b. serez
c. seras

13 – Nous ... à Paris l'été
prochain.
a. ira
b. irons
c. iront

14 – Tu as ton opinion,
moi j'ai ... .
a. la tienne
b. le mien
c. la mienne

15 – Là, ce sont nos affiches pour
la campagne anti-pollution.
... , elles sont là-bas.
a. La leur
b. Le nôtre
c. Les vôtres

16 – J'aime bien ta ferme,
mais ... est plus marrante.
a. la sienne
b. les siens
c. les siennes

17 – Si ... ne lutte pour protéger la
planète, elle disparaîtra.
a. des personnes
b. personne
c. tout le monde

18 – .... est concerné par l'avenir
de l'humanité.
a. Quelqu'un
b. Une personne
c. Tout le monde

19 – Victor vient de partir. Il nous
téléphonera quand il sera ... .
a. ici
b. là
c. là-bas

20 – Elle vit ... depuis six mois.
Elle est arrivée chez nous
en janvier.
a. ici
b. là
c. là-bas

Note : [   ] /20

Les romans voyageurs de J. M. G. Le Clézio

Né en 1940, Jean-Marie-Gustave Le Clézio est un écrivain français et mauricien. Ses livres parlent de voyages, d'exils et de métissages. Il a reçu le Prix Nobel de Littérature en 2008.

1 En groupes, replacez chaque nom de lieu sur la carte du monde, en vous aidant du titre du livre de J. M. G. Le Clézio qui se passe sur cette île ou dans ce pays.

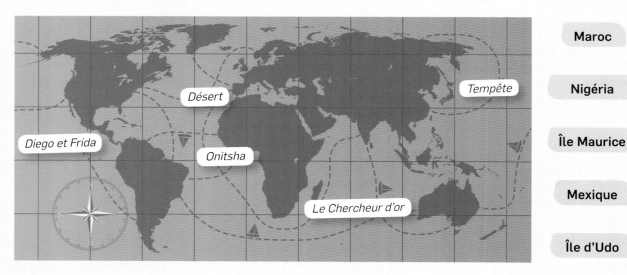

Désert

Tempête

Diego et Frida

Onitsha

Le Chercheur d'or

Maroc

Nigéria

Île Maurice

Mexique

Île d'Udo

2 **A.** À deux, lisez cet extrait de *Poisson d'or* et répondez aux questions. (Vous n'avez pas besoin de comprendre tous les mots.)

1. Qui sont les personnages ? Coche la bonne réponse.

☐ Des touristes en vacances.

☐ Des étudiantes en voyage d'études.

☐ Des migrantes clandestines.

2. Dans quelle ville arrivent ces personnages ? Sais-tu où se trouve cette ville ?

B. Où peuvent aller Laïla et Houriya ? Imagine la suite de leur voyage.

Poisson d'or raconte l'histoire de Laïla, une jeune Marocaine qui apprend à se défendre, à vivre et à aimer dans trois pays différents.

J. M. G. Le Clézio
Poisson d'or

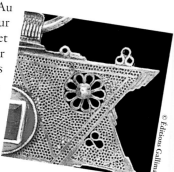

© Éditions Gallimard

Nous avons pu dormir dans la camionnette qui nous emportait vers Toulouse. Au point du jour, elle était sur la route, au bout du bois, et l'Espagnol nous a fait monter très vite. Puis il est reparti vers la montagne, sans même un regard ou un signe d'adieu. Dans la camionnette, j'ai dormi sur l'épaule du jeune Algérien, Abdel. J'aurais pu dormir en marchant tellement j'étais fatiguée. La route tournait, tournait. Par l'ouverture de la bâche, j'ai vu un instant les hauts sapins noirs, les rues des villages, un pont... Puis c'était la gare de Toulouse, la grande salle au plafond haut, les quais où les gens attendaient le train de Paris. Le chauffeur avait donné les billets, les instructions : « Ne restez pas ensemble. Allez chacun de votre côté, ne vous faites pas repérer. » J'ai pris Houriya par la main, je l'ai entraînée jusqu'au bout du quai, là où la verrière s'arrête et laisse passer le soleil.

J. M. G. Le Clézio, *Poisson d'or*, Paris, Gallimard, 1997.

Fabrique ton smartphone éthique

Les smartphones (téléphones « intelligents ») sont des outils de communication incroyables. Mais la fabrication des smartphones est dangereuse pour la planète et pour beaucoup d'êtres humains. Et si on changeait le monde... de la technologie ?

1 Comment faire un téléphone éthique ? Lis les textes et coche les meilleures options pour fabriquer un smartphone qui respecte le plus possible la nature et les êtres humains.

Dans les smartphones actuels, les matières premières viennent souvent de pays en guerre. Les mines sont contrôlées par des milices et l'argent des téléphones leur permet de faire la guerre.

☐ **des matériaux recyclés**

☐ **des matériaux neufs**

Les téléphones portables sont très polluants. Beaucoup de matériaux ne sont pas recyclables ni recyclés. Ils ne servent donc qu'une seule fois.

☐ **des minéraux dont l'argent sert à faire la guerre**

☐ **des minéraux dont l'argent ne sert pas à faire la guerre**

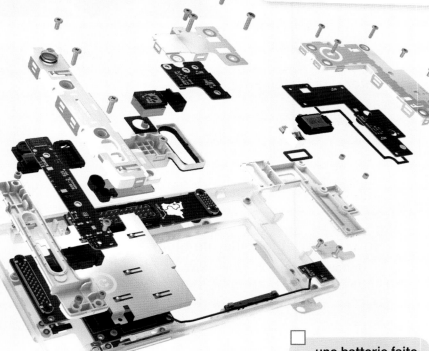

De nombreuses personnes travaillent dans des mines ou des usines pour la fabrication des téléphones. Elles travaillent dans des conditions souvent difficiles et parfois dangereuses.

☐ **des composants fabriqués dans de bonnes conditions**

☐ **des composants fabriqués dans des conditions dangereuses**

☐ **une batterie faite pour durer deux ans**

☐ **une batterie qui dure le plus longtemps possible**

Certains fabricants de téléphones proposent déjà des téléphones en matières recyclées. Mais, pour l'instant, la marque néerlandaise Fairphone est la seule à produire des smartphones les plus éthiques possible. Elle fait attention à toutes les étapes de fabrication et d'utilisation des téléphones. Les grandes marques vont-elles suivre son exemple ?

Des millions de téléphones sont jetés chaque année. Leurs composants sont faits pour durer très peu de temps. Ainsi, les gens sont obligés de s'acheter un nouveau téléphone plus souvent. C'est très mauvais pour la planète !

Vous savez déjà faire beaucoup de choses !

Vous allez faire le bilan de ce que vous avez appris dans les unités 5 et 6.
En petits groupes, complétez ces encadrés avec d'autres phrases.
Vous pouvez utiliser de grandes feuilles pour ensuite les coller sur les murs de la classe.

Raconter une histoire

— Il était une fois...
— Ça parle de quoi ?
— C'est l'histoire d'une pirate qui n'aimait pas la mer.

Organiser un récit

— D'abord, ils sont séparés.
— Ensuite, elle fait un long voyage pour le retrouver.
— À la fin, ils se retrouvent et ils font la fête.

Interpréter et modifier un récit

— Je trouve que c'est une fin très drôle.
— J'aime pas cette fin. Ça finit trop mal !
— Et pourquoi on n'écrit pas notre version ?

Se projeter dans l'avenir

— Je pense que je serai marié.
— Tu habiteras dans une maison à la campagne.
— Nous parlerons plein de langues !

Parler d'innovations et d'innovations

— On pourra consulter un médecin par internet.
— Masdar promet d'être une ville sans pollution, ni déchets.
— Dans ma ville, il y aura des capteurs de tristesse.

Formuler des hypothèses et des possibilités

— Si la médecine continue à progresser, les humains vivront jusqu'à 200 ans.
— Si on partage mieux les ressources, il y aura moins d'inégalités.

UNITÉ 1
LE TÉLÉPHONE ARABE

15'

Matériel
- pas de matériel

Outils linguistiques
- les interrogatifs
- l'alternative (ou)
- l'expression de l'opinion

But du jeu

Répéter une question le plus fidèlement possible.

Déroulement

1. Asseyez-vous en cercle.

2. Un joueur désigné par l'enseignant pense à une question et la chuchote à l'oreille de son voisin de gauche.

3. À son tour, le deuxième joueur la répète à voix basse à son voisin de gauche.

4. Quand la question a fait le tour des participants, le dernier joueur du cercle donne sa réponse à la question.

5. Comparez la réponse finale à la question de départ. Avez-vous bien répété la question ?

UNITÉ 2
VOUS N'ALLEZ PAS ME CROIRE !

 20'

Matériel
- *pas de matériel*

Outils linguistiques
- *le vouvoiement*
- *le passé composé*
- *les excuses*

But du jeu

Mimer, interpréter les mimes et improviser.

Déroulement

1. Imaginez que l'un d'entre vous arrive en retard. Il va devoir entrer et s'excuser en expliquant pourquoi il est en retard.

2. Un volontaire sort de la classe. Discutez 5 minutes et inventez une histoire incroyable pour justifier son retard.

3. L'élève en retard entre dans la classe. Mimez-lui ce qu'il doit dire pour expliquer son retard. Attention ! Vous n'avez pas le droit de parler. Tout doit passer par les gestes.

4. L'élève en retard s'adresse à l'enseignant : « Je suis vraiment désolé(e). Je suis en retard parce que, ce matin, un éléphant est tombé sur le bus. »

5. Quand l'excuse a été correctement formulée, le volontaire va s'asseoir, un autre élève sort et le jeu continue.

UNITÉ 3
LA LIGNE DES INVENTIONS

30'

Matériel
- cartes préparées par la classe
- grandes feuilles de papier

Outils linguistiques
- les inventions
- les périodes historiques
- les comparatifs
- avant, après, à cette époque, à ce moment-là...

But du jeu

Retrouver l'ordre chronologique des inventions.

Déroulement

1. Formez deux équipes. Dans chaque équipe, choisissez 10 inventions : l'avion, la boussole, le cinéma, la poutine, la douche, les jeans... Cherchez la date ou la période de ces inventions.

2. Pour chaque invention, créez une carte avec son nom et une image. Sur une feuille à part, notez la date de chaque invention ou l'époque si l'invention est ancienne et n'a donc pas de date précise.

3. Les deux équipes échangent leurs paquets de cartes. Tous ensemble, notez les grandes époques et les siècles sur une grande flèche. C'est la ligne du temps.

4. Le premier joueur d'une équipe tire une carte et doit placer l'invention sur la ligne du temps, avec l'aide de ses coéquipiers. Attention ! Il faut non seulement placer l'invention dans la bonne période, mais aussi avant ou après d'autres inventions.

5. Si la carte est bien placée, le jeu continue avec l'autre équipe. Sinon, l'équipe qui s'est trompée attend le tour suivant pour réessayer.

6. La première équipe qui a bien placé toutes ses cartes-inventions sur la ligne du temps a gagné.

UNITÉ 4
LE TEMPS PRESSE

30'

But du jeu

Faire deviner des objets le plus rapidement possible.

Déroulement

1. Découpez des morceaux de papier. Individuellement, notez un nom d'objet sur chaque papier. Chaque joueur doit écrire 2 ou 3 noms d'objets au total.

2. Mélangez tous les papiers de la classe et formez 2 équipes.

3. Un volontaire de la première équipe se lève et pioche un papier. Il doit faire deviner l'objet sans jamais dire son nom. Par exemple : « On les utilise pour couper du papier… – Des ciseaux ! » À chaque objet deviné, il pioche un nouveau papier. Il a 1 minute pour faire deviner un maximum d'objets à son équipe.

4. C'est au tour de l'autre équipe d'écouter son joueur et de deviner un maximum de mots. Ensuite, la première équipe recommence avec un autre volontaire. Au bout de 6 minutes de jeu (3 pour chaque équipe), comptez le nombre d'objets devinés par chaque équipe.

5. Mélangez les papiers des objets devinés et recommencez à jouer juste avec ces objets-là. Cette fois, pour faire deviner un objet, vous n'avez le droit de dire qu'un seul mot (« couper », par exemple). Au bout de 6 minutes, arrêtez la manche et comptez les points.

6. Dans la dernière manche, vous devez faire deviner les mêmes objets sans parler, seulement avec des mimes. L'équipe qui a réuni le plus de points dans les 3 manches à gagné.

Matériel
- feuilles de papier
- ciseaux
- crayons
- chronomètre

Outils linguistiques
- les pronoms COD
- les superlatifs
- les cinq sens

UNITÉ 5
LE MEILLEUR ALIBI

30'

Matériel
- *pas de matériel*

Outils linguistiques
- *l'imparfait et le passé composé*
- *venir de / être en train de*
- *les adverbes de temps*

But du jeu

Donner le meilleur alibi pour être déclarés « innocents ».

Déroulement

1. Spiderman n'a pas pu intervenir car quelqu'un lui a volé son costume rouge et bleu. Le vol a eu lieu hier après les cours. Aidez Spiderman à retrouver les coupables.

2. Divisez la classe en 2 : les uns vont jouer le rôle des suspects, les autres feront les enquêteurs. À l'intérieur de chaque camp, formez des petits groupes. Il faut minimum 3 équipes de suspects et 2 équipes d'inspecteurs.

3. Les suspects s'installent à distance les uns des autres et choisissent un alibi : ils décident de ce qu'ils faisaient tous ensemble au moment du vol. Par exemple : « On était chez un vampire. On a aidé le Petit Chaperon Rouge à cacher le loup, parce que la grand-mère voulait le manger ». Plus l'alibi est drôle, imaginatif ou bien construit, meilleur il est.

4. Les enquêteurs ont 3 minutes pour interroger chaque équipe de suspects. À chaque fois, c'est un suspect différent qui parle à chaque groupe d'enquêteurs (les autres restent avec lui sans parler), mais l'alibi doit toujours rester le même.

5. Après avoir interrogé tous les suspects, chaque équipe d'enquêteurs indique quels suspects ont le meilleur alibi et pourquoi : c'est le plus drôle, le plus poétique, le plus original, le plus intelligent... Les suspects ayant donné le(s) meilleur(s) alibi(s) sont innocentés.

UNITÉ 6
LE BÉRET DU FUTUR

20'

Matériel
- *un « béret » : un chapeau, un foulard... un objet facile à saisir et qui ne roule pas*
- *cartes des pronoms personnels (je, tu, il, elle, on, nous, vous, ils, elles)*

Outils linguistiques
- *le futur simple*
- *rappel des infinitifs et des pronoms*

But du jeu

Être le plus rapide et (re)connaître les verbes pour faire gagner son équipe.

Déroulement

1. Formez deux équipes. L'enseignant donne à un joueur de chaque équipe un verbe à l'infinitif. Attention ! Les verbes doivent être les mêmes dans les deux équipes.

2. Chaque équipe se place sur une ligne (son « camp »). L'enseignant pose le « béret » au milieu, entre les deux équipes.

3. L'enseignant dit un des verbes à l'infinitif. Les deux élèves qui l'ont reçu courent au centre pour tenter de récupérer le « béret ». Dès qu'un joueur attrape le « béret », il doit courir se réfugier dans son camp. S'il y arrive sans que l'autre joueur le touche, son équipe gagne un point. Mais s'il est touché, il perd le point. Quand aucun des deux joueurs n'ose prendre le « béret », l'enseignant dit un autre verbe pour que deux nouveaux joueurs viennent aider les premiers.

4. L'élève qui a rapporté le « béret » dans son camp pioche une carte-pronom. Il forme alors une phrase – sur le sujet de son choix –, en conjuguant son verbe au futur avec ce pronom. Si la phrase est correcte, son équipe gagne encore 2 points.

5. Le jeu continue jusqu'à ce que tous les verbes aient été donnés. L'équipe qui a réuni le plus de points a gagné.

Précis grammatical

L'ALPHABET PHONÉTIQUE

Voyelles orales

[a]	Marie [maʀi]
[ɛ]	fait [fɛ] / frère [fʀɛʀ] / même [mɛm]
[e]	étudier [etydje] / les [le] / vous avez [vuzave]
[ə]	le [lə]
[i]	Paris [paʀi]
[y]	rue [ʀy]
[ɔ]	robe [ʀɔb]
[o]	mot [mo] / cadeau [kado] / jaune [ʒon]
[u]	bonjour [bõʒuʀ]
[ø]	jeudi [ʒødi]
[œ]	sœur [sœʀ] / peur [pœʀ]

Voyelles nasales

[ã]	dimanche [dimãʃ] / vent [vã]
[ɛ̃]	intéressant [ɛ̃teʀesã] / impossible [ɛ̃pɔsibl]
[õ]	mon [mõ]
[œ̃]	lundi [lœ̃di] / un [œ̃]

Semi-consonnes

[j]	chien [ʃjɛ̃]
[w]	pourquoi [purkwa]
[ɥ]	je suis [ʒəsɥi]

Consonnes

[b]	Bruxelles [bʀyksɛl] / abricot [abʀikɔ]
[p]	père [pɛʀ] / apprendre [apʀãdʀ]
[t]	tableau [tablo] / attendre [atãdʀ]
[d]	samedi [samdi] / addition [adisjõ]
[g]	gâteau [gato] / langue [lãg]
[k]	quel [kɛl] / crayon [kʀejõ] / accrocher [akʀɔʃe] / kilo [kilɔ]
[f]	fort [fɔʀ] / affiche [afiʃ] / photo [fɔto]
[v]	ville [vil] / avion [avjõ]
[s]	français [fʀãsɛ] / silence [silãs] / passer [pase] / attention [atãsjõ]
[z]	maison [mezõ] / zéro [zero]
[ʃ]	chat [ʃa]
[ʒ]	jupe [ʒyp] / géographie [ʒeɔgrafi]
[m]	maman [mamã] / grammaire [gramɛʀ]
[n]	bonne [bɔn] / neige [nɛʒ]
[ɲ]	Espagne [ɛspaɲ]
[l]	lune [lyn] / intelligent [ɛ̃teliʒã]
[ʀ]	horrible [ɔʀibl] / mardi [maʀdi]

QUELQUES CONSEILS POUR PRONONCER LE FRANÇAIS

LES CONSONNES EN POSITION FINALE

En général, on ne prononce pas les consonnes en fin de mot.

grand	[gʀɑ̃]
petit	[pəti]
ils aiment	[ilzɛm]

LE « e » EN POSITION FINALE

En général, on ne prononce pas le **e** en fin de syllabe ou en fin de mot.

– *Nous app**e**lons le docteur.* [nuzaplɔ̃lədɔktœʀ]

– *la tabl**e*** [latabl]

Le **e** final permet de prononcer la consonne qui le précède.

—*grand* [gʀɑ̃] / *gran**de*** [gʀɑ̃d]

LES VOYELLES NASALES

Pour prononcer les voyelles nasales, on doit faire passer l'air par le nez ! Comme pour imiter une personne enrhumée.

– *jard**in*** [ʒaʀdɛ̃] / *mais**on*** [mezõ] / *gr**an**d* [gʀɑ̃]

LE [y]

– *T**u** es italien ?* [tyɛitaljɛ̃]

– *D**u** chocolat.* [dyʃɔkɔla]

L'ACCENT TONIQUE

En français, l'accent tonique est toujours placé à la fin du mot ou du groupe de mots.

Elle habite à Pa**ris**.
Nous allons au ciné**ma**.
Sa mère est colom**bienne**.

LA LIAISON

Quand un mot finit par une consonne et que le mot suivant commence par une voyelle ou un **h**, on unit très souvent les deux. On dit qu'on « fait la liaison ».

Les élèves
Ils ont
Nous allons manger.

❗ Dans certains cas, le **h** empêche la liaison.

– *Les héros des films gagnent toujours.*

❗ Après **et**, on ne fait jamais de liaison.

– *Marie **et** Amélie vont au cinéma.*

LE MARIAGE DE VOYELLES

Certaines voyelles forment des sons différents quand elles sont ensemble.

ai	=	[e]	ma**i**son [mezõ]
ai, ei	=	[ɛ]	l**ai**t [lɛ], n**ei**ge [nɛʒ]
au, eau	=	[o]	s**au**t [so], **eau** [o]
ou	=	[u]	j**ou**r [ʒuʀ]
oi	=	[wa]	s**oi**r [swaʀ]

LES ACCENTS

En français, on peut trouver deux ou trois accents sur un seul mot.

– *t**é**l**é**phone* [telefɔn] / *pr**é**f**é**r**é**e* [pʀefeʀe] / ***é**l**è**ve* [elɛv]

L'ACCENT AIGU (´)

Il se place seulement sur le **e**.
Dans ce cas, il faut le prononcer [e].

– *caf**é*** [kafe] / *mus**é**e* [myze] / *po**é**sie* [poezi]

– *math**é**matiques* [matematik]

L'ACCENT GRAVE (`)

Il se place sur le **e**, le **a** et le **u**. Sur le **a** et sur le **u**, il sert à distinguer un mot d'un autre :

• **a** (verbe *avoir*) / **à** (préposition)

– *Il **a** un chien. / Il habite **à** Toulouse.*

• **la** (article défini) / **là** (adverbe de lieu)

– ***La** sœur de Cédric / Mets-le **là**.*

• **où** (pronom relatif et interrogatif) / **ou** (conjonction de coordination)

– *Tu habites **où** ? / Blanc **ou** noir ?*

Sur le **e**, il indique que cette voyelle est ouverte : [ɛ]

– *m**è**re* [mɛʀ] / *myst**è**re* [mistɛʀ]

L'ACCENT CIRCONFLEXE (ʌ)

Il se place sur toutes les voyelles sauf le **y**. Comme l'accent grave, il sert à éviter la confusion entre certains mots :

sur (préposition) / **sûr** (adjectif)

– *Le livre est **sur** la table. / Tu es **sûr** qu'il vient ?*

Sur le **e**, il se prononce [ɛ] :

– *fen**ê**tre* [fənɛtʀ] / *t**ê**te* [tɛt]

LE TRÉMA (¨)

Sur les voyelles **e** et **i**, le tréma (¨) indique que la voyelle avant doit être prononcée séparément :

– *cano**ë*** [kanɔe] / *égo**ï**ste* [egɔist]

LES NOMBRES

COMPTER DE 1 À 10 000

DE 0 À 60

0 **zéro**
1 **un**
2 **deux**
3 **trois**
4 **quatre**
5 **cinq**
6 **six**
7 **sept**
8 **huit**
9 **neuf**
10 **dix**
11 **onze**
12 **douze**
13 **treize**
14 **quatorze**
15 **quinze**
16 **seize**
17 **dix-sept**
18 **dix-huit**
19 **dix-neuf**
20 **vingt**
21 **vingt et un**
22 **vingt-deux**
23 **vingt-trois**
24 **vingt-quatre**
25 **vingt-cinq**
26 **vingt-six**
27 **vingt-sept**
28 **vingt-huit**
29 **vingt-neuf**
30 **trente**
40 **quarante**
50 **cinquante**
60 **soixante**

DE 70 À 99

70 **soixante-dix**
71 **soixante et onze**
72 **soixante-douze**
73 **soixante-treize**
74 **soixante-quatorze**
75 **soixante-quinze**
76 **soixante-seize**
77 **soixante-dix-sept**
78 **soixante-dix-huit**
79 **soixante-dix-neuf**
80 **quatre-vingts**
81 **quatre-vingt-un**
82 **quatre-vingt-deux**
83 **quatre-vingt-trois**
84 **quatre-vingt-quatre**
85 **quatre-vingt-cinq**
86 **quatre-vingt-six**
87 **quatre-vingt-sept**
88 **quatre-vingt-huit**
89 **quatre-vingt-neuf**
90 **quatre-vingt-dix**
91 **quatre-vingt-onze**
92 **quatre-vingt-douze**
93 **quatre-vingt-treize**
94 **quatre-vingt-quatorze**
95 **quatre-vingt-quinze**
96 **quatre-vingt-seize**
97 **quatre-vingt-dix-sept**
98 **quatre-vingt-dix-huit**
99 **quatre-vingt-dix-neuf**

100   **cent**
101   **cent** un

200   deux **cents**
201   deux **cent** un

En Belgique,
70 : **septante**
80 : **quatre-vingts**
90 : **nonante**

En Suisse,
70 : **septante**
80 : **huitante**
90 : **nonante**

❗ On écrit **cent** sans **s** sauf pour deux cents / trois cents / quatre cents / cinq cents / six cents / sept cents / huit cents / neuf cents

1000 **mille / un millier**

2000 deux **mille**

2001 deux **mille** un, etc.

10 000 dix **mille**

LES DÉTERMINANTS

LES ARTICLES DÉFINIS

	masculin	féminin
singulier	**le** copain **l'**adolescent	**la** copine **l'**adolescente
pluriel	**les** copains **les** adolescents	**les** copines **les** adolescentes

Ils s'accordent en genre et en nombre avec le nom qui suit.

❗ Quand un mot commence par une voyelle ou un **h**, l'article défini singulier est toujours **l'**.

On utilise l'article défini pour désigner :

• une personne ou une chose déterminée.
– *La jupe de Marion*

• une personne ou une chose déjà connue.
– *Le professeur de physique*

• une chose unique.
– *La tour Eiffel*

• quelque chose en général.
– *Le sport*

• les noms de pays ou de régions.
– *La France*

• la date, le jour.
– *Le 11 avril / Le lundi*

LES ARTICLES INDÉFINIS

On utilise l'article indéfini pour parler d'une personne et d'un objet qu'on ne connaît pas encore. Il s'accorde en genre et en nombre avec le nom qui suit.

	masculin	féminin
singulier	**un** livre	**une** piscine
pluriel	**des** livres	**des** piscines

❗ On utilise aussi **un** et **une** pour compter.

● *Combien tu as de frères et sœurs ?*
○ *J'ai un frère et une sœur.*

LES ARTICLES CONTRACTÉS

Quand les prépositions **à** et **de** sont suivies des articles définis **le** et **les**, il faut faire la contraction.

- **à + le = au**
- *Elle joue **au** basket.*

- **à + les = aux**
- *Ils jouent **aux** cartes.*

- devant un nom féminin commençant par une consonne : **à la**
- *Nous jouons **à la** pétanque.*

- devant une voyelle ou un **h** muet : **à l'**
- *Tu joues **à l'**élastique.*

- **de + le = du**
- *Je fais **du** théâtre.*

- **de + les = des**
- *Je fais **des** activités extrascolaires.*

- devant un nom féminin commençant par une consonne : **de la**
- *Après les cours, je fais **de la** musique.*

- devant une voyelle ou un **h** muet : **de l'**
- *Je joue **de l'**accordéon.*

LES ARTICLES PARTITIFS

On utilise les articles partitifs pour indiquer une quantité non déterminée.

	masculin	féminin
singulier	**du** chocolat	**de la** farine
	de l'air	**de** l'eau
pluriel	**des** gâteaux	**des** oranges

- ● *Tu veux **du** chocolat pour le goûter ?*
- ○ *Non merci, je prends **de la** confiture.*

À la forme négative, **du, de la, de l', des → pas de/d'**

- *Pour le petit déjeuner, je mange **du** pain mais je ne mange **pas de** fruits.*
- *Je ne mets **pas d'**huile dans la salade de tomates.*

LES DÉTERMINANTS POSSESSIFS

On utilise les déterminants (ou « adjectifs ») possessifs pour indiquer l'appartenance. Ils s'accordent en genre et en nombre.

- ● *À qui est le manteau ?*
- ○ *C'est **mon** manteau Madame !*

- ● *C'est qui ?*
- ○ *C'est **mon** frère.*

		singulier		pluriel
		masculin	féminin*	masculin et féminin
UN POSSESSEUR	moi toi lui/elle vous (politesse)	**mon** **ton** **son**] livre	**ma** **ta** **sa**] classe	**mes** **tes** **ses**] amis
PLUSIEURS POSSESSEURS	nous vous eux/elles	**notre** **votre** **leur**] ami		**nos** **vos** **leurs**] cours

❗ Devant un nom féminin qui commence par une voyelle, on utilise les adjectifs possessifs du masculin : **mon/ton/son**.
- ***Mon/ton/son** amie s'appelle Julie.*

LES DÉTERMINANTS DÉMONSTRATIFS

Les déterminants démonstratifs (ou « adjectifs démonstratifs ») s'accordent en genre et en nombre avec le nom qui les suit. Ils permettent de désigner :
- des éléments visibles (qu'on peut montrer d'un geste) au moment où on parle,
- des éléments dont on a déjà parlé avant,
- des éléments évidents dans la situation de communication.

	masculin	féminin
singulier	**ce**	**cette**
pluriel	**ces**	

- *Tu connais **ce** jeu ? Il était très à la mode quand j'avais ton âge.*
- *On se connaît : tu étais à l'anniversaire de Yasmine. Elle était super **cette** fête !*
- *Tu te souviens de **ces** histoires ? Tu les connaissais par cœur quand on était petits.*

❗ Devant un nom commençant par une voyelle ou un –h muet, l'adjectif masculin singulier **ce** devient **cet**.
- *J'ai trouvé **cet** appareil photo dans le grenier. Il est beau, hein ?*

LES DÉTERMINANTS INDÉFINIS

Tous, **certains** et **aucun** indiquent une quantité de choses ou de personnes par rapport à un ensemble. Ils s'accordent avec le nom qu'ils précèdent ou qu'ils remplacent.

Tous et **toutes** désignent la totalité de l'ensemble.
— *Il regarde **tous** les blogs de sport.*

Certains ou **certaines** désigne une partie seulement de l'ensemble.
— ***Certaines** chaînes de vidéo sont très regardées.*

Aucun ou **aucune** signifie « zéro » : « pas un seul » élément ou « pas une seule » personne de l'ensemble.
— *Je n'ai **aucune** connexion.*

Quelques désigne une petite quantité de l'ensemble. Il est invariable et toujours placé avant le nom.
— *Je connais **quelques** bon sites d'information.*

LE NOM COMMUN

LE GENRE DES NOMS

Le nom est masculin ou féminin, il n'y a pas de neutre. Le genre des noms est arbitraire, il n'y a pas de règle.

– ***Le*** *collège /* ***La*** *cour de récréation /* ***Un*** *chapeau /* ***Une*** *robe*

LE PLURIEL DES NOMS

En général, le **s** est la marque écrite du pluriel.

singulier	pluriel
un cahier	des cahier**s**
une robe	des robe**s**
le livre	les livre**s**
la classe	les classe**s**
l'école	les école**s**

Parfois, au pluriel, on remplace **s** par **x**.

singulier	pluriel
un tableau	des tableau**x**
un animal	des animau**x**

! Certains pluriels présentent une particularité de prononciation ou d'orthographe.

– *un œuf* [œf] */ des œufs* [ø]

– *un œil* [œj] */ des yeux* [jø]

LES ADJECTIFS

LES ADJECTIFS DE COULEUR

Les adjectifs de couleur s'accordent en genre et en nombre avec le nom qu'ils qualifient.

● *Comment elle est ta jupe ?*
○ *Elle est **bleue**.*

	singulier	pluriel
masculin	■ vert ■ noir ■ bleu □ blanc ■ violet	■ vert**s** ■ noir**s** ■ bleu**s** □ blanc**s** ■ violet**s**
féminin	■ vert**e** ■ noir**e** ■ bleu**e** □ blan**che** ■ viole**tte**	■ vert**es** ■ noir**es** ■ bleu**es** □ blan**ches** ■ viole**ttes**
masculin = féminin	■ jaune ■ rose ■ beige	■ jaune**s** ■ rose**s** ■ beige**s**
invariable	■ orange ■ marron	

LES ADJECTIFS QUALIFICATIFS

On utilise les adjectifs qualificatifs pour donner des informations sur les caractéristiques d'une personne, d'un animal, d'un objet, d'un lieu, d'une époque, etc. Ils s'accordent en genre et en nombre avec le nom qu'ils qualifient.

● *Comment il est, le nouveau ?*
○ *Il est assez **sympathique**.*

	masculin	féminin
singulier	grand petit bavard généreu**x** sportif sympathiqu**e**	grand**e** petit**e** bavard**e** généreu**se** sporti**ve** sympathiqu**e**
pluriel	grand**s** petit**s** bavard**s** généreu**x** sportif**s** sympathiqu**es**	grand**es** petit**es** bavard**es** généreu**ses** sporti**ves** sympathiqu**es**

LA PLACE DES ADJECTIFS

Les adjectifs de couleur, de forme, d'état ou de nationalité se placent derrière le nom.
— *J'ai acheté des roses **rouges** pour son anniversaire.*

Les adjectifs suivants se placent devant le nom : **vrai, faux, beau, petit, grand, gros, bon, jeune, joli, long, mauvais, vieux**.

— *C'est un très **bon** ami à moi.*

De nombreux adjectifs d'appréciation peuvent se placer avant ou après le nom.

— *Ce sont de **formidables** voisins.*
— *Ce sont des voisins **formidables**.*

LES PRONOMS

LES PRONOMS PERSONNELS

sujets	compléments réfléchis	compléments d'objet direct	toniques
Je	me / m'	me / m'	moi
Tu	te / t'	te / t'	toi
Il/Elle	se / s'	le / la / l'	lui / elle
Nous	nous	nous	nous
Vous	vous	vous	vous
Ils/Elles	se / s'	les	eux / elles

LES PRONOMS PERSONNELS SUJETS

singulier	pluriel
je	nous
tu	vous
il / elle	ils / elles

Les pronoms sujets sont obligatoires devant les verbes conjugués.

— ***Elles** sont françaises.*

Je devient **j'** devant une voyelle ou un **h** muet.

— ***J'**habite à Londres.*

Vous : peut désigner :

• plusieurs personnes, un groupe.
— *Emma, Arthur ! **Vous** aimez le chocolat ?*

• une seule personne (**vous** de politesse).
— *Pardon, madame, **vous** êtes suisse ?*

On dit **vous**	- aux adultes qu'on ne connaît pas (dans la rue, dans un magasin…) - aux adultes qu'on ne connaît pas bien (une voisine, le père d'un camarade…) - aux adultes qu'on connaît bien dans des contextes scolaires ou de travail (un professeur, un médecin…)
On dit **tu**	- aux enfants - aux adolescents - aux adultes qu'on connaît bien (famille, amis…)

LE PRONOM *ON*

Selon les contextes, **on** a différentes significations. Quand la personne qui parle est incluse dans le **on**, il est synonyme de **nous**. À l'oral, **on** est plus fréquent que **nous**. Dans ce cas, le verbe s'accorde avec **on**, à la troisième personne du singulier, mais les participes et les adjectifs s'accordent au pluriel.

— *Emma et moi, **on** habite à Paris.*
— ***Nous nous sommes** baign**és** tout l'été.*
→ ***On s'**est baign**és** tout l'été.*

• **on = tout le monde/les gens**

On peut vouloir dire **tout le monde**, **quelqu'un**, **n'importe qui** quand la phrase est positive, ou **personne** quand la phrase est négative. La personne qui parle n'est pas toujours incluse dans le **on**.

— *Personne ne peut voyager sans passeport.*
→ ***On** ne peut pas voyager sans passeport.*

— *Beaucoup de gens disent que Venise est une très belle ville. Moi, je n'y suis jamais allée.*
→ ***On** dit que Venise est une très belle ville. Moi, je n'y suis jamais allée.*

LES PRONOMS TONIQUES

		pronoms sujets	pronoms toniques
singulier		Je	**Moi**, je…
		Tu	**Toi**, tu…
		Il / Elle	**Lui**, il… / **Elle**, elle…
pluriel		Nous	**Nous**, nous…
		Vous	**Vous**, vous…
		Ils / Elles	**Eux**, ils… / **Elles**, elles…

On utilise le pronom tonique pour :

• renforcer le sujet.

● ***Moi**, je m'appelle Jacques. Et **toi** ? Tu t'appelles comment ?*
○ ***Moi**, je m'appelle Ronan et, **elle**, elle s'appelle Sarah.*

• se présenter ou identifier quelqu'un.
○ *Bonjour, c'est **moi**, Emma.*

⚠ Le pronom tonique ne remplace pas le pronom sujet.

— ***Lui**, il est allemand.*

Précis grammatical

LES PRONOMS INDÉFINIS

TOUT, QUELQUE CHOSE, RIEN

Tout désigne l'ensemble des choses dont on parle.
— *Moi, j'oublie **tout** : j'ai encore oublié mes clefs.*

Quelque chose remplace le nom d'un être, un objet, un événement, un élément ou une action.
— *Elle te rappelle **quelque chose**, cette carte postale ?*

Rien signifie « aucune chose ».
— *Je n'ai pas vu sa collection ; il ne m'a **rien** montré.*

TOUT LE MONDE, PERSONNE

Tout le monde veut dire « l'ensemble des gens ».
Personne signifie l'absence de gens (« pas une seule personne »). Le verbe qui les suit est au singulier.

● ***Tout le monde** en a une et **personne** ne peut la perdre. Qu'est-ce que c'est ?*
○ *Une ombre !*

❗ **Tout le monde** est utilisé dans des phrases affirmatives ou positives. Mais l'adverbe **personne** se trouve toujours dans une phrase négative. Il remplace alors le « pas » de négation.

— ***Personne** ne sait comment sera le XXIIᵉ siècle.*

TOUT(TE)S, CERTAIN(E)S, AUCUN(E)S, QUELQUES-UN(E)S

Les déterminants indéfinis **tou(te)s**, **certain(e)s** et **aucun(e)** sont aussi des pronoms. Le pronom qui correspond à **quelques** est **quelques-un(e)s**.

● *Tu connais des sites d'information en français ?*
○ *Oui, **quelques-uns**.*

LES PRONOMS POSSESSIFS

On utilise les pronoms possessifs pour remplacer un nom, tout en indiquant un rapport de possession. Ils se forment avec un article défini (**le**, **la**, **les**) + la marque de la possession, qui s'accorde en genre et en nombre avec ce qui est possédé.

— *Toi, tu as tes projets. Moi, j'ai **les miens**.*

		CE QUI EST POSSÉDÉ		
		singulier		pluriel	
POSSESSEUR(S)		masculin	féminin	masculin	féminin
	moi	le mien	la mienne	les miens	les miennes
	toi	le tien	la tienne	les tiens	les tiennes
	lui / elle	le sien	la sienne	les siens	les siennes
	nous	le nôtre	la nôtre	les nôtres	
	vous	le vôtre	la vôtre	les vôtres	
	eux / elles	le leur	la leur	les leurs	

LES PRONOMS DÉMONSTRATIFS

Les pronoms démonstratifs remplacent les noms :
• d'éléments visibles (qu'on peut montrer d'un geste) au moment où on parle,
• d'éléments dont on a déjà parlé avant,
• d'éléments évidents dans la situation de communication.

Ils prennent le genre et le nombre du nom ou du groupe nominal qu'ils remplacent. La forme en **-là** est la plus fréquente.

	masculin	féminin
singulier	**celui-ci** **celui-là**	**celle-ci** **celle-là**
pluriel	**ceux-ci** **ceux-là**	**celles-ci** **celles-là**

— *Tu préfères cette affiche ou **celle-là** ?*

❗ **–ci** et **–là** peuvent marquer une distance (proximité pour **-ci**, éloignement pour **-là**) par rapport à la personne qui parle. Mais ils permettent surtout de différencier deux éléments, lors d'un choix ou d'une comparaison.
— *Tu préfères quelle affiche ? **Celle-ci** ou **celle-là** ?*

LES PRONOMS COD ET COI

• Les pronoms compléments d'objet direct (COD) permettent d'économiser des mots et d'éviter les répétitions. Ils remplacent les compléments de la majorité des verbes.

Les pronoms **me**, **te**, **nous**, **vous** remplacent toujours des personnes. Les pronoms **l'**, **le**, **la**, **les** peuvent remplacer des personnes ou des choses.

— *Tu **m'**aimes ?*
— *Sophie, je **la** vois tous les jours au collège.*
— *Où sont **mes chaussures** ? Je ne **les** trouve pas.*

- Les pronoms compléments d'objet indirect (COI) remplacent les compléments des verbes construits avec la préposition **à**.

— Il a dit <u>au bruiteur</u> de faire le bruit de la pluie.

→ Il **lui** a dit de faire le bruit de la pluie.

pronoms sujets	pronoms COD	pronoms COI
Je	me / m'	me / m'
Tu	te / t'	te / t'
Il / Elle / On	le / la / l '	lui
Nous	nous	nous
Vous	vous	vous
Ils / Elles	les	leur

❗ Les pronoms COD et COI sont placés juste avant le verbe, sauf à l'impératif affirmatif.

— Oui, regarde-**le**, c'est un très bon film.

— Demande-**lui** de raconter la suite.

LES PRONOMS RELATIFS

On utilise les pronoms relatifs pour ajouter des informations sur quelqu'un ou quelque chose. Ils servent à remplacer un nom, à relier deux phrases et à éviter les répétitions.

- Le pronom relatif **qui** représente quelqu'un ou quelque chose. Il est toujours sujet du verbe.

— Le Louvre est un musée **qui** se trouve à Paris.

- Le pronom relatif **que** remplace un nom qui est complément du verbe.

— Je regarde une série **que** j'aime bien.

- Le pronom relatif **où** représente toujours quelque chose. Il peut s'agir :

▸ d'un lieu (c'est le cas le plus fréquent).

— La ville **où** je suis né est au nord de Paris.

▸ d'un moment.

— Le jour **où** ma sœur s'est mariée, il pleuvait.

LE VERBE

LE PRÉSENT

On utilise le présent pour exprimer :

- une action qui se passe au moment où l'on parle.

● Qu'est-ce que tu **fais** ?

○ Je **regarde** une série.

- une situation, un fait, un état ou une description.

— Lise **est** une élève de ma classe.

— Il **est** timide.

- une habitude, une généralité, une vérité.

— La pomme de terre **est** un légume très consommé en France.

❗ Le présent sert aussi à évoquer un futur très proche, en lien avec le moment présent.

— J'**arrive** !

— Je **pars** en vacances demain.

— Les cours de karaté **commencent** mercredi.

L'IMPÉRATIF

On peut utiliser l'impératif pour ordonner ou pour interdire. Il sert aussi à formuler des conseils, des invitations, etc.

- **Viens** avec nous ! Ce sera super !

- **Ne prends pas** ce bus : il ne va pas au bon endroit.

Impératif affirmatif	Impératif négatif
verse versons versez	ne verse pas ne versons pas ne versez pas
prends prenons prenez	ne prends pas ne prenons pas ne prenez pas
mets mettons mettez	ne mets pas ne mettons pas ne mettez pas

❗ À l'impératif, il n'y a pas de pronom sujet. Le **s** de la 2ᵉ personne du singulier des verbes en -**er** disparaît. À la forme affirmative : Lève-**toi** ! À la forme négative : Ne **te** lève pas !

LE FUTUR PROCHE

On utilise le futur proche pour exprimer une action immédiate ou très proche dans le temps. Il se forme avec :

aller au présent + **infinitif**

● Qu'est-ce qu'ils **vont faire** pendant les vacances ?

○ Ils **vont aller** à la mer.

❗ À la forme négative :
ne + **aller** au présent + **pas** + verbe

— Je ne vais **pas** faire de sport aujourd'hui.

Précis grammatical

LE FUTUR SIMPLE

On emploie le futur pour parler de l'avenir, des situations ou événements futurs qui n'ont aucun rapport avec le présent.

—*Demain, il **pleuvra** sur la moitié nord du pays.*

Pour former le futur des verbes réguliers, on prend l'infinitif et on ajoute les terminaisons suivantes :

infinitif : **partir**	
je partir**ai**	nous partir**ons**
tu partir**as**	vous partir**ez**
il/elle/on partir**a**	ils/elles partir**ont**

Les verbes en **-eter**, **-ever**, **-ener** ou **-eser** redoublent la consonne ou prennent un accent grave devant le **e** muet : ***je me lèverai, je jetterai**...* Les verbes terminés en **-re** perdent le **e** :

écrire → j'écrirai
comprendre → je comprendrai

Au futur simple, certains verbes ont un radical différent de l'infinitif. C'est le même radical pour toutes les personnes.

infinitif		futur simple
être	→	je serai
avoir	→	j'aurai
aller	→	j'irai
faire	→	je ferai
devoir	→	je devrai
envoyer	→	j'enverrai
pouvoir	→	je pourrai
savoir	→	je saurai
vouloir	→	je voudrai

! Le verbe impersonnel **falloir**, qui se conjugue seulement à la 3ᵉ personne du singulier, devient **il faudra** au futur.

L'IMPARFAIT

On forme l'imparfait sur le radical de la 1ᵉʳᵉ personne du pluriel du présent, auquel on ajoute les terminaisons suivantes.

1ᵉʳᵉ personne du pluriel au présent : **dans**ons	
je dans**ais**	nous dans**ions**
tu dans**ais**	vous dans**iez**
il/elle/on dans**ait**	ils/elles dans**aient**

On emploie l'imparfait pour :

▸ parler d'une action habituelle dans le passé.
—*Avant, j'**allais** tous les samedis au skate-park.*

▸ décrire une personne, un endroit ou une chose dans le passé.
—*Il **était** très gentil, mon ancien voisin.*

! Dans un récit au passé, on combine souvent l'imparfait et le passé composé.

—*Hier après-midi, comme il **faisait** très beau, ils **ont décidé** d'aller à la plage.*

LE PARTICIPE PASSÉ

Les verbes en **-er** forment leur participe passé en **-é**.

Pass**er**	→	pass**é**
Mang**er**	→	mang**é**
Visit**er**	→	visit**é**

Pour les autres verbes, la terminaison peut être :
▸ en **-i**

fin**ir**	→	fin**i**
dormir	→	dorm**i**

▸ en **-is**

écrire	→	écr**is**

▸ en **-ert**

offrir	→	off**ert**
ouvrir	→	ouv**ert**

▸ en **-u**

voir	→	v**u**
lire	→	l**u**

Il y a des verbes irréguliers :

Faire	→	**fait**
Voir	→	**vu**
Prendre	→	**pris**
Avoir	→	**eu**
Être	→	**été**

(voir aussi le tableau de conjugaison)

LE PASSÉ COMPOSÉ

On utilise le passé composé pour parler d'une action passée et limitée dans le temps ou pour parler d'une suite d'actions.
Il est composé de deux éléments :
un auxiliaire (**avoir** ou **être**) + le participe passé du verbe conjugué.

—*Hier, nous **avons visité** le musée du Louvre puis nous **sommes allés** dans un restaurant traditionnel.*

LE PASSÉ COMPOSÉ AVEC L'AUXILIAIRE *AVOIR*

La plupart des verbes se conjuguent avec l'auxiliaire **avoir** au présent + un participe passé.

—*Nous **avons gagné** un voyage en Suisse.*

Quand le passé composé est formé avec **avoir**, le participe passé ne s'accorde pas, sauf s'il y a un complément d'objet direct placé avant le verbe.

— *J'**ai mangé** une glace et elle était très bonne.*

— *Elle était très bonne, la glace que j'**ai mangée**.*

LE PASSÉ COMPOSÉ AVEC L'AUXILIAIRE *ÊTRE*

Certains verbes se conjuguent (surtout) avec l'auxiliaire **être** :

▸ ceux qui indiquent un changement de lieu ou d'état :

arriver / partir	passer
monter / descendre	retourner
aller / (re)venir	rester
tomber	naître / mourir
sortir / (r)entrer	apparaître

▸ **tous** les verbes pronominaux : *se lever, se coucher, s'habiller, se réveiller...*

Quand le passé composé est formé avec **être**, le participe passé s'accorde dans la plupart des cas avec le sujet.

— *Je **suis partie** en voyage.*

— *Vous **êtes** déjà **allés** en Guadeloupe ?*

Quand le passé composé est formé avec **être**, qu'il a un objet et que cet objet est situé avant le verbe, le participe s'accorde aussi en genre et en nombre. Mais il ne s'accorde pas si l'objet est situé après le verbe.

— *Dans la boule à neige que je me **suis achetée**, il y a la tour Eiffel.*

— *Je me **suis acheté** une boule à neige.*

❗ Attention à la place du pronom réfléchi ! À la forme négative, le **ne** se place immédiatement après le sujet.

— *Ils se sont couchés à 22 h.*

→ *Ils **ne** se sont pas couchés à 22 h.*

LA NÉGATION

• La négation se construit avec :
sujet + **ne** + verbe + **pas**.
Devant une voyelle, **ne** devient **n'**.

— *Je **ne** suis **pas** italien et je **n'**ai **pas** 16 ans.*

• La négation au passé composé :
ne + auxiliaire + **pas** + participe passé.

— *Il **n'**a **pas** mangé de viande le midi.*

❗ À l'oral, très souvent, on ne dit pas le **ne**/**n'** de négation. À l'écrit, il faut le garder.

● *Je sais **pas**.*

❗ Le **pas** disparaît dans les négations avec **plus**, **personne**, **rien** et **jamais**.

— *Elle **n'**est **jamais** allée au Canada.*

LES ADVERBES

AUSSI ET *NON PLUS*

Placés après un nom ou un pronom tonique, ces adverbes indiquent une ressemblance de comportement ou un accord, une même opinion. Ils changent selon que la phrase de départ est positive ou négative.

• si la phrase initiale est affirmative, on ajoute **aussi** au nom ou pronom tonique.

● *J'aime la danse. Et toi ?*

○ *Oui, moi **aussi**, j'adore ça.*

○ *Moi non !*

• si la phrase initiale est négative, on ajoute **non plus** au nom ou pronom tonique.

● *Charlène ne mange pas de poisson.*

○ *Hugo **non plus**.*

LES ADVERBES D'INTENSITÉ

On utilise les adverbes d'intensité pour préciser la force d'un adjectif, d'un verbe ou d'un adverbe. Ils se placent avant l'adjectif et sont invariables.

+   *Elle est **super** sympa !*

  *Il est **tellement** gentil !*

  *Ils sont **vraiment** adorables !*

  *Elle est **très** polie.*

  *Ils sont **plutôt** bavards.*

  *Elle n'est **pas très** courageuse.*

  *Il est **un peu** naïf.*

−   *Il n'est **pas du tout** patient !*

LES ADVERBES DE QUANTITÉ

On utilise les adverbes de quantité pour informer sur la quantité des choses. Les adverbes se placent souvent (mais pas toujours) après le verbe.

• **Trop de** + nom (sans article)
– *Elle a mangé **trop de** chocolat*

• **Beaucoup de** + nom (sans article)
– *Il y a **beaucoup de** sucre dans ce gâteau.*

• **Assez de** + nom (sans article)
– *Il y a **assez d'**eau pour tout le monde.*

• **Autant de** + nom (sans article)
– *Il y a **autant de** fruits que de légumes.*

• **Un peu de** + nom (sans article) → en petite quantité + valeur positive
– *De temps en temps, elle boit **un peu de** café.*

• **Peu de...** ou **ne... pas beaucoup de...** + nom (sans article)

–*Je mange **peu de** viande.*

→ *Je **ne** mange **pas beaucoup de** viande.*

• **Pas du tout de** + nom (sans article)

–*Il ne boit **pas du tout** de lait.*

LA FRÉQUENCE

On utilise les adverbes de fréquence pour indiquer le rythme d'une action répétée ou d'une habitude.

```
+   Toujours/Tout le temps
↑   Souvent
    Quelquefois/De temps en temps/Parfois
↓   Rarement
_   Jamais
```

– *Je bois **toujours** du jus d'orange le matin.*

– *Elles ne viennent **jamais** aux cours de danse.*

LES ADVERBES DE TEMPS

	avec le **passé composé**	avec le **présent** de l'indicatif
Déjà	au moins une fois avant le moment où on parle	maintenant (exprime la surprise, l'admiration ou la déception)
Jamais	pas une seule fois dans le passé	à aucun moment de sa vie actuelle
Encore	une autre fois, une nouvelle fois	une action qui continue ou un état qui dure (= *toujours*)
Toujours	dans la totalité du temps dont on parle	- une action qui continue, un état qui dure (= *encore*) - ce qui arrive tout le temps

• **Ne ... pas encore** indique que quelque chose qui doit ou qui va se passer n'est pas encore arrivé.

—*À l'époque de Christophe Colomb, les gens **ne** faisaient **pas encore** de vélo. Ça n'existait pas.*

• **Ne ... plus** indique que quelque chose qui arrivait ou qui existait dans le passé est maintenant fini.

—*Il **n'**y a **plus de** roi en France depuis le XIXᵉ siècle.*

SITUER DANS L'ESPACE

QUELQUES PRÉPOSITIONS DE LIEU

• **à** et **en**

→ le lieu où on va.

– *Je vais **à** Lisbonne.*

– *On va **en** Russie.*

→ le lieu où on est

– *J'habite **en** Russie.*

– *Ils sont **à** Paris.*

SITUER UN ÉLÉMENT

Où est le pigeon ?

À gauche de la poubelle   **Entre** les poubelles   **À droite de** la poubelle

Devant la poubelle   **Derrière** la poubelle

Dans la poubelle   **Sur** la poubelle   **Sous** la poubelle

À côté de la poubelle   **Loin de** la poubelle

ICI, LÀ ET LÀ-BAS

Ici, **là** et **là-bas** sont des adverbes de lieu. **Ici** et **là** indiquent le lieu où se trouve la personne qui parle ou un endroit proche. Quand ils sont utilisés ensemble, **ici** indique un endroit plus proche que **là**.

—*Je suis **là**. (= Je suis **ici**.)*

—*Moi, je resterai **ici** et toi tu te mettras **là**, à côté.*

Là-bas désigne un endroit plus ou moins éloigné de la personne qui parle.

— *Toi Laurent, tu resteras **ici**, à côté de moi. Et toi Marion, tu seras **là-bas**, près de la fenêtre.*

— ***Là-bas**, on commencera une nouvelle vie.*

❗ À l'oral, **là** peut aussi vouloir dire « maintenant », « en ce moment ».

— ***Là**, je n'ai pas le temps. Mais je pourrai faire ça demain si tu veux.*

LES MOYENS DE TRANSPORT

à pied   à vélo   en skate

en bus   en métro   en voiture

en avion   en train   en bateau

– *À New York, beaucoup de gens vont travailler **en métro**.*

– *À Venise, les gens vont travailler **en bateau**.*

SITUER DANS LE TEMPS

LES OUTILS ESSENTIELS

L'HEURE

 Il est **deux heures**.

 Il est **deux heures dix**.

 Il est **deux heures et quart**.

 Il est **deux heures et demie**.

 Il est **deux heures moins le quart**.

 Il est **deux heures moins cinq**.

Pour demander l'heure :
- *Il est quelle heure ? / Quelle heure est-il ?*
- *Il est 11 h.*

Pour demander l'heure d'une activité :
- *À quelle heure tu as cours ? / Tu as cours à quelle heure ?*
- *J'ai cours à 15 h.*

LA JOURNÉE

Le matin, le midi, l'après-midi, le soir.

LES JOURS DE LA SEMAINE

Lundi, mardi, mercredi, jeudi, vendredi, samedi, dimanche.

LES MOIS DE L'ANNÉE

Janvier, février, mars, avril, mai, juin, juillet, août, septembre, octobre, novembre, décembre.

LES SAISONS

 le printemps :
21 mars - 20 juin

 l'été :
21 juin - 20 septembre

 l'automne :
21 septembre - 20 décembre

 l'hiver :
21 décembre - 20 mars

LES INDICATEURS DE TEMPS

Quelques indicateurs de temps pour parler au présent :

| **Aujourd'hui,** **En ce moment,** **Maintenant,** **Tout de suite,** **Ce matin,** **Cet après-midi,** **Ce soir,** **Ce weekend,** **Cette semaine,** **Ce mois-ci,** **Cette année** | *je range ma chambre !* |

Quelques indicateurs de temps pour parler au futur :

| **Tout à l'heure,** **Demain** **Mercredi prochain,** **Le week-end prochain,** **La semaine prochaine,** **Le mois prochain,** **L'année prochaine,** | *on va repeindre la salle.* |

Quelques indicateurs de temps pour parler au passé :

| Tout à l'heure,
Hier,
La semaine dernière,
Le mois dernier,
L'été dernier,
L'année dernière, | j'ai fait de l'escalade. |

LA PHRASE

LA PHRASE INTERROGATIVE

LES PRONOMS INTERROGATIFS

● *Qui* est ce garçon ?
○ *C'est mon cousin.*

● *Combien* coûte ce jeu vidéo ?
○ *15 euros.*

● *Que* veut dire ce mot ?
○ *Il veut dire «amour» en allemand.*

● *Où* habitez-vous ?
○ *À Poitiers.*

● *Comment* il est ?
○ *Il est blond avec les yeux verts.*

● *Tu pars* **quand** ?
○ *Mardi prochain.*

● *C'est* **quoi** ton numéro de téléphone ?
○ *C'est le 06 82 54 59 87.*

● *Est-ce que* tu fais du théâtre ?
○ *Non, je fais de la musique.*

● *Qu'est-ce que* tu fais aujourd'hui ?
○ *Je vais à la piscine.*

● *Pourquoi* tu vas tous les jours à la plage ?
○ *Parce que* j'adore la mer.
○ *Pour* voir mes amis.

LES ADJECTIFS INTERROGATIFS

On peut utiliser les adjectifs interrogatifs *quel, quelle, quels, quelles* pour poser une question sur quelqu'un ou sur quelque chose.
Ils s'accordent en genre et en nombre avec le nom.

● *Quelles* sont tes activités préférées ?
○ *Moi, j'aime le sport, la musique et la danse.*

	masculin	féminin
singulier	*Quel* est ton loisir préféré ?	*Quelle* est ta chanson préférée ?
pluriel	*Quels* sont tes loisirs préférés ?	*Quelles* sont tes chansons préférées ?

L'OPPOSITION

On utilise **mais** pour comparer ou opposer deux actions ou informations.
— *Il mange du poisson* **mais** *il n'aime pas la viande.*

LA CAUSE

Pour indiquer une cause, une raison, une explication, on utilise souvent **parce que**. Il est neutre et est généralement suivi d'un verbe ou d'une proposition.
— *Je fais du rugby* **parce que** *j'aime les sports d'équipe.*

GRAMMAIRE DE LA COMMUNICATION

SALUER, S'EXCUSER, REMERCIER

• Quand on arrive :
● *Bonjour madame. Comment allez-vous ?*
○ *Bien et vous ?*
● *Salut, Emma ! Ça va ?*
○ *Ça va. Et toi ? Tu vas bien ?*

• Quand on part :
– *Au revoir !*
– *À bientôt !*
– *À demain !*
– *À lundi !*
– *À plus !*

• Le soir (en arrivant et en partant) :
– *Bonsoir !*

• S'excuser :
– *Pardon ! / Excuse-moi !*
– *Oh ! Excusez-moi, je suis désolé(e) !*

• Remercier :
– *Merci / Merci beaucoup !*

EN CLASSE DE FRANÇAIS

– *Comment ça s'écrit « monsieur » ?*
– *Est-ce que « où » porte un accent ?*
– *Comment ça s'appelle en français ?*
– *Qu'est-ce que ça veut dire « acheter » ?*
– *On est à quelle page / dans quelle unité ?*
– *Est-ce que vous pouvez parler plus fort / plus lentement, s'il vous plaît ?*
– *Vous pouvez réexpliquer, s'il vous plaît ?*
– *Vous pouvez écrire le mot / la phrase au tableau ?*

LES COORDONNÉES PERSONNELLES

Nom : Martinez

Prénom : Lena

Date et lieu de naissance : 12 mai 1998 à Strasbourg (France)

Adresse : 4 rue de la Gare (Morges)

Pays : Suisse

L'AFFIRMATION

Oui et **si** sont tous les deux des contraires de **non**, mais ils ne s'utilisent pas exactement pareil. Pour répondre à une phrase affirmative, on utilise **oui**. Mais pour répondre à une phrase négative, on utilise **si**.

● *Tu n'as pas vécu à Bruxelles ?*
○ *Si, quand j'étais petit.*

PRÉSENTER QUELQU'UN

On utilise les présentatifs pour identifier, désigner ou présenter quelqu'un ou quelque chose.

• **C'est** + nom de personne ou de chose au singulier :
● *C'est Clarisse ?*
○ *Non, c'est Hélène !*

• **Ce sont** + nom de personne ou de chose au pluriel :
● *Ce sont les frères de Paul ?*
○ *Non, ce sont les cousins de Paul.*

• À la forme négative :
● *C'est Diane ?*
○ *Non, ce n'est pas Diane.*

EXPRIMER SES GOÛTS

+

Je **suis fan de** BD.

J'**adore** la plongée sous-marine.

J'**aime beaucoup** le foot.

J'**aime bien** le rock.

Je **n'aime pas beaucoup** les poires.

Je **n'aime pas** la danse.

Je **n'aime pas du tout** la viande.

Je **déteste** les séries télévisées.

–

EXPRIMER DES PRÉFÉRENCES

Pour indiquer qu'on aime quelqu'un ou quelque chose plus que d'autres personnes ou d'autres choses, on utilise le verbe **préférer**. Si les personnes ou les choses qu'on aime moins sont précisées, elles sont introduites par **à** ou **au(x)**.

— *Le bord du lac, c'est l'endroit que je **préfère**.*
— *C'est sa chanson **préférée**.*
— *Elle **préfère** les jeux vidéos **aux** jeux de cartes.*

DONNER SON AVIS

• **À mon/ton/son avis**
— *À mon avis, on n'a pas le choix : il faut qu'on soit solidaires si on veut faire changer les choses.*

• **Penser que**
— *Je **pense que** c'est bien de connaître plein de cultures.*

• **Trouver que**
— *Ils **trouvent que** les gens utilisent des moyens de transport trop polluants.*

EXCLURE ET AJOUTER

Avec et **sans** permettent de préciser comment on fait quelque chose ou si on a quelque chose.

Avec veut dire « qui a », « en compagnie de », « en présence de » ou « au moyen de ».
— *Avec ma cousine, on joue à des jeux en ligne.*

Au contraire, **sans** signifie « en l'absence de » ou « qui n'a pas ».
— *J'ai un téléphone **sans** connexion à Internet.*

On utilise **sauf** pour exclure, écarter un élément d'un ensemble.
— *On ne sait pas utiliser cet ordinateur, **sauf** Lydia qui est une crack en informatique.*

On utilise **même** pour inclure, ajouter un élément dans un ensemble, souvent avec une pointe de surprise ou d'insistance.
— *Dans ma famille, on est tous accros aux technologies, **même** ma grand-mère.*

COMPARER ET CLASSER

MÊME ET PAREIL

• **pareil/la même, le même, les mêmes + nom (que)**
— *On passe par la gauche ou par la droite. C'est **pareil** !*
— *Tu as **les mêmes** chaussures **que** ton copain :*
— *Tu ne veux pas changer de disque ? On écoute toujours **la même** chose.*

Précis grammatical

LES COMPARATIFS

• **plus + adjectif + que**

— *Elle est **plus** drôle **que** sa copine.*

• **moins + adjectif + que**

— *Il est **moins** gentil **que** son frère.*

LES SUPERLATIFS

• **le plus (+ adjectif) (+ de la / du / des)**

— *Chez moi, c'est mon frère qui dort **le plus**.*
— *Dans la classe, c'est Laura **la plus** gentille.*
— *C'est **la plus** belle ville **du** monde !*

• **le moins (+ adjectif) (+ de la / du / des)**

— *Dans ma famille, c'est ma mère qui dort **le moins**.*
— *Ce problème est **le moins** important.*
— *C'est **la moins** connue **de ses** chansons.*

> ❗ **Bon** et **mauvais**, **bien** et **mal** ont des comparatifs et des superlatifs irréguliers.

bien → **mieux**	bon(ne)(s) → **meilleur(e)s**
mal → **pire**	mauvais(e)(s) → **plus mauvais(e)(s)** → **pire**

— *Je sais que les chips, c'est **mauvais** pour la santé. Mais tu crois que c'est **pire que** les sodas ?*
— *Ce violoniste joue **bien** ; il joue **mieux que** les autres musiciens.*
— ***De** toutes les joueuses, c'est elle **la meilleure.***
— *C'est **le pire / le plus mauvais** film de l'année.*

L'OBLIGATION

L'OBLIGATION IMPERSONNELLE

On utilise **il faut + infinitif** pour exprimer une nécessité ou une obligation générale ou impersonnelle.
Le verbe qui suit est toujours à l'infinitif.

— *Pour réussir la compétition, **il faut s'entraîner** beaucoup.*

> ❗ À la forme négative, **il faut** exprime l'interdiction, la défense.

— ***Il ne faut pas** manger en cours.*

L'OBLIGATION PERSONNELLE

• **Devoir + infinitif**

On utilise le verbe **devoir** pour exprimer une obligation personnelle.

— *Tu **dois** manger mieux pour être en forme.*

À la forme négative, il exprime une interdiction.

— *Tu **ne dois pas** en parler : c'est un secret.*

• **Être obligé(e)(s) (de) + infinitif** exprime l'idée de contrainte extérieure, l'absence de liberté, de choix.

— ***On est obligés de** prendre ce chemin. Il n'y en a pas d'autre.*

LA LIBERTÉ

• **Être libre(s) (de) + verbe à l'infinitif** exprime la possibilité de choisir, l'absence de contrainte.
— *Les publicités, **tu es libre de** les croire ou pas.*

L'ENVIE ET LE BESOIN

• **Avoir envie de + nom / pronom / verbe à l'infinitif** exprime un désir : quelque chose qu'on veut (faire) sans en avoir besoin.

— ***J'ai envie de** changer de parfum.*

• **Avoir besoin de + nom / pronom / verbe à l'infinitif** exprime l'idée que quelque chose ou quelqu'un est nécessaire. On ne peut pas faire autrement.

— ***Nous avons besoin d'**eau pour vivre.*

LA CONDITION

SI + PRÉSENT OU FUTUR

On utilise cette construction pour exprimer une condition. La condition est introduite par **si** et la phrase principale peut être soit au présent de l'indicatif, soit à l'impératif, soit au futur simple. Elles peuvent échanger leurs places sans que cela change le sens de la phrase.
— ***Si** tu veux changer le monde, **engage**-toi !*
— *Ce **sera** plus sympa **si tu viens** avec nous.*

	PRÉSENT DE L'INDICATIF	PASSÉ COMPOSÉ	IMPARFAIT	FUTUR SIMPLE	IMPÉRATIF
Avoir	J'ai Tu as Il/Elle/On a Nous avons Vous avez Ils/Elles ont	J'ai eu Tu as eu Il/Elle/On a eu Nous avons eu Vous avez eu Ils/Elles ont eu	J'avais Tu avais Il/Elle/On avait Nous avions Vous aviez Ils/Elles avaient	J'aurai Tu auras Il/Elle/On aura Nous aurons Vous aurez Ils/Elles auront	Aie Ayons Ayez
Être	Je suis Tu es Il/Elle/On est Nous sommes Vous êtes Ils/Elles sont	J'ai été Tu as été Il/Elle/On a été Nous avons été Vous avez été Ils/Elles ont été	J'étais Tu étais Il/Elle/On était Nous étions Vous étiez Ils/Elles étaient	Je serai Tu seras Il/Elle/On sera Nous serons Vous serez Ils/Elles seront	Sois Soyons Soyez

VERBES EN -ER

	PRÉSENT DE L'INDICATIF	PASSÉ COMPOSÉ	IMPARFAIT	FUTUR SIMPLE	IMPÉRATIF
Parler	Je parle Tu parles Il/Elle/On parle Nous parlons Vous parlez Ils/Elles parlent	J'ai parlé Tu as parlé Il/Elle/On a parlé Nous avons parlé Vous avez parlé Ils/Elles ont parlé	Je parlais Tu parlais Il/Elle/On parlait Nous parlions Vous parliez Ils/Elles parlaient	Je parlerai Tu parleras Il/Elle/On parlera Nous parlerons Vous parlerez Ils/Elles parleront	Parle Parlons Parlez

FORMES PARTICULIÈRES

	PRÉSENT DE L'INDICATIF	PASSÉ COMPOSÉ	IMPARFAIT	FUTUR SIMPLE	IMPÉRATIF
Aller	Je vais Tu vas Il/Elle/On va Nous allons Vous allez Ils/Elles vont	Je suis allé(e) Tu es allé(e) Il/Elle/On est allé(e)(s) Nous sommes allé(e)s Vous êtes allé(e)(s) Ils/Elles sont allé(e)s	J'allais Tu allais Il/Elle/On allait Nous allions Vous alliez Ils/Elles allaient	J'irai Tu iras Il/Elle/On ira Nous irons Vous irez Ils/Elles iront	Va Allons Allez

 Les participes des verbes comme **aller**, qui font leur passé composé avec **être**, s'accordent avec le sujet : elle est n**ée** ; ils sont part**is** ; on est entr**és**/entr**ées** (quand « on » remplace « nous »).

	PRÉSENT DE L'INDICATIF	PASSÉ COMPOSÉ	IMPARFAIT	FUTUR SIMPLE	IMPÉRATIF
Appeler	J'appelle Tu appelles Il/Elle/On appelle Nous appelons Vous appelez Ils/Elles appellent	J'ai appelé Tu as appelé Il/Elle/On a appelé Nous avons appelé Vous avez appelé Ils/Elles ont appelé	J'appelais Tu appelais Il/Elle/On appelait Nous appelions Vous appeliez Ils/Elles appelaient	J'appellerai Tu appelleras Il/Elle/On appellera Nous appellerons Vous appellerez Ils/Elles appelleront	Appelle Appelons Appelez
Changer	Je change Tu changes Il/Elle/On change Nous changeons Vous changez Ils/Elles changent	J'ai changé Tu as changé Il/Elle/On a changé Nous avons changé Vous avez changé Ils/Elles ont changé	Je changeais Tu changeais Il/Elle/On changeait Nous changions Vous changiez Ils/Elles changeaient	Je changerai Tu changeras Il/Elle/On changera Nous changerons Vous changerez Ils/Elles changeront	Change Changeons Changez

 Les verbes en **-yer** comme **payer** ou **effrayer** ont deux formes possibles.

Conjugaison

	PRÉSENT DE L'INDICATIF	PASSÉ COMPOSÉ	IMPARFAIT	FUTUR SIMPLE	IMPÉRATIF
Jouer	Je joue Tu joues Il/Elle/On joue Nous jouons Vous jouez Ils/Elles jouent	J'ai joué Tu as joué Il/Elle/On a joué Nous avons joué Vous avez joué Ils/Elles ont joué	Je jouais Tu jouais Il/Elle/On jouait Nous jouions Vous jouiez Ils/Elles jouaient	Je jouerai Tu joueras Il/Elle/On jouera Nous jouerons Vous jouerez Ils/Elles joueront	Joue Jouons Jouez
Préférer	Je préfère Tu préfères Il/Elle/On préfère Nous préférons Vous préférez Ils/Elles préfèrent	J'ai préféré Tu as préféré Il/Elle/On a préféré Nous avons préféré Vous avez préféré Ils/Elles ont préféré	Je préférais Tu préférais Il/Elle/On préférait Nous préférions Vous préfériez Ils/Elles préféraient	Je préférerai Tu préféreras Il/Elle/On préférera Nous préférerons Vous préférerez Ils/Elles préféreront	❗ L'impératif de **préférer** n'est pas utilisé.

LES VERBES EN -IR

	PRÉSENT DE L'INDICATIF	PASSÉ COMPOSÉ	IMPARFAIT	FUTUR SIMPLE	IMPÉRATIF
Choisir	Je choisis Tu choisis Il/Elle/On choisit Nous choisissons Vous choisissez Ils/Elles choisissent	J'ai choisi Tu as choisi Il/Elle/On a choisi Nous avons choisi Vous avez choisi Ils/Elles ont choisi	Je choisissais Tu choisissais Il/Elle/On choisissait Nous choisissions Vous choisissiez Ils/Elles choisissaient	Je choisirai Tu choisiras Il/Elle/On choisira Nous choisirons Vous choisirez Ils/Elles choisiront	Choisis Choisissons Choisissez

❗ Les verbes **dormir, finir** et **réussir** se conjuguent sur ce modèle.

	PRÉSENT DE L'INDICATIF	PASSÉ COMPOSÉ	IMPARFAIT	FUTUR SIMPLE	IMPÉRATIF
Venir	Je viens Tu viens Il/Elle/On vient Nous venons Vous venez Ils/Elles viennent	Je suis venu(e) Tu es venu(e) Il/Elle/On est venu(e)(s) Nous sommes venu(e)s Vous êtes venu(e)(s) Ils/Elles sont venu(e)s	Je venais Tu venais Il/Elle/On venait Nous venions Vous veniez Ils/Elles venaient	Je viendrai Tu viendras Il/Elle/On viendra Nous viendrons Vous viendrez Ils/Elles viendront	Viens Venons Venez
Sortir	Je sors Tu sors Il/Elle/On sort Nous sortons Vous sortez Ils/Elles sortent	Je suis sorti(e) Tu es sorti(e) Il/Elle/On est sorti(e)(s) Nous sommes sorti(e)s Vous êtes sorti(e)(s) Ils/Elles sont sorti(e)s	Je sortais Tu sortais Il/Elle/On sortait Nous sortions Vous sortiez Ils/Elles sortaient	Je sortirai Tu sortiras Il/Elle/On sortira Nous sortirons Vous sortirez Ils/Elles sortiront	Sors Sortons Sortez

❗ Le verbe **partir** se conjugue sur ce modèle.

	PRÉSENT DE L'INDICATIF	PASSÉ COMPOSÉ	IMPARFAIT	FUTUR SIMPLE	IMPÉRATIF
Ouvrir	J'ouvre Tu ouvres Il/Elle/On ouvre Nous ouvrons Vous ouvrez Ils/Elles ouvrent	J'ai ouvert Tu as ouvert Il/Elle/On a ouvert Nous avons ouvert Vous avez ouvert Ils/Elles ont ouvert	J'ouvrais Tu ouvrais Il/Elle/On ouvrait Nous ouvrions Vous ouvriez Ils/Elles ouvraient	J'ouvrirai Tu ouvriras Il/Elle/On ouvrira Nous ouvrirons Vous ouvrirez Ils/Elles ouvriront	Ouvre Ouvrons Ouvrez

 Les verbes **découvrir**, **offrir** et **souffrir** se conjuguent sur ce modèle.

	PRÉSENT DE L'INDICATIF	PASSÉ COMPOSÉ	IMPARFAIT	FUTUR SIMPLE	IMPÉRATIF
Dire	Je dis Tu dis Il/Elle/On dit Nous disons Vous dites Ils/Elles disent	J'ai dit Tu as dit Il/Elle/On a dit Nous avons dit Vous avez dit Ils/Elles ont dit	Je disais Tu disais Il/Elle/On disait Nous disions Vous disiez Ils/Elles disaient	Je dirai Tu diras Il/Elle/On dira Nous dirons Vous direz Ils/Elles diront	Dis Disons Dites
Lire	Je lis Tu lis Il/Elle/On lit Nous lisons Vous lisez Ils/Elles lisent	J'ai lu Tu as lu Il/Elle/On a lu Nous avons lu Vous avez lu Ils/Elles ont lu	Je lisais Tu lisais Il/Elle/On lisait Nous lisions Vous lisiez Ils/Elles lisaient	Je lirai Tu liras Il/Elle/On lira Nous lirons Vous lirez Ils/Elles liront	Lis Lisons Lisez
Sourire	Je souris Tu souris Il/Elle/On sourit Nous sourions Vous souriez Ils/Elles sourient	J'ai souri Tu as souri Il/Elle/On a souri Nous avons souri Vous avez souri Ils/Elles ont souri	Je souriais Tu souriais Il/Elle/On souriait Nous souriions Vous souriiez Ils/Elles souriaient	Je sourirai Tu souriras Il/Elle/On sourira Nous sourirons Vous sourirez Ils/Elles souriront	Souris Sourions Souriez

 Le verbe **rire** se conjugue sur ce modèle.

LES VERBES EN -OIR

	PRÉSENT DE L'INDICATIF	PASSÉ COMPOSÉ	IMPARFAIT	FUTUR SIMPLE	IMPÉRATIF
Voir	Je vois Tu vois Il/Elle/On voit Nous voyons Vous voyez Ils/Elles voient	J'ai vu Tu as vu Il/Elle/On a vu Nous avons vu Vous avez vu Ils/Elles ont vu	Je voyais Tu voyais Il/Elle/On voyait Nous voyions Vous voyiez Ils/Elles voyaient	Je verrai Tu verras Il/Elle/On verra Nous verrons Vous verrez Ils/Elles verront	Vois Voyons Voyez
Pouvoir	Je peux Tu peux Il/Elle/On peut Nous pouvons Vous pouvez Ils/Elles peuvent	J'ai pu Tu as pu Il/Elle/On a pu Nous avons pu Vous avez pu Ils/Elles ont pu	Je pouvais Tu pouvais Il/Elle/On pouvait Nous pouvions Vous pouviez Ils/Elles pouvaient	Je pourrai Tu pourras Il/Elle/On pourra Nous pourrons Vous pourrez Ils/Elles pourront	**Pouvoir** n'a pas d'impératif.
Vouloir	Je veux Tu veux Il/Elle/On veut Nous voulons Vous voulez Ils/Elles veulent	J'ai voulu Tu as voulu Il/Elle/On a voulu Nous avons voulu Vous avez voulu Ils/Elles ont voulu	Je voulais Tu voulais Il/Elle/On voulait Nous voulions Vous vouliez Ils/Elles voulaient	Je voudrai Tu voudras Il/Elle/On voudra Nous voudrons Vous voudrez Ils/Elles voudront	À part **veuillez**, dans des lettres très formelles, l'impératif de **vouloir** n'est pas utilisé.
Devoir	Je dois Tu dois Il/Elle/On doit Nous devons Vous devez Ils/Elles doivent	J'ai dû Tu as dû Il/Elle/On a dû Nous avons dû Vous avez dû Ils/Elles ont dû	Je devais Tu devais Il/Elle/On devait Nous devions Vous deviez Ils/Elles devaient	Je devrai Tu devras Il/Elle/On devra Nous devrons Vous devrez Ils/Elles devront	L'impératif de **devoir** n'est pas utilisé.

Conjugaison

	PRÉSENT DE L'INDICATIF	PASSÉ COMPOSÉ	IMPARFAIT	FUTUR SIMPLE	IMPÉRATIF

LES VERBES EN -RE

| **Faire** | Je fais
Tu fais
Il/Elle/On fait
Nous faisons
Vous faites
Ils/Elles font | J'ai fait
Tu as fait
Il/Elle/On a fait
Nous avons fait
Vous avez fait
Ils/Elles ont fait | Je faisais
Tu faisais
Il/Elle/On faisait
Nous faisions
Vous faisiez
Ils/Elles faisaient | Je ferai
Tu feras
Il/Elle/On fera
Nous ferons
Vous ferez
Ils/Elles feront | Fais

Faisons
Faites |

LES VERBES EN -TRE

| **Connaître** | Je connais
Tu connais
Il/Elle/On connaît
Nous connaissons
Vous connaissez
Ils/Elles connaissent | J'ai connu
Tu as connu
Il/Elle/On a connu
Nous avons connu
Vous avez connu
Ils/Elles ont connu | Je connaissais
Tu connaissais
Il/Elle/On connaissait
Nous connaissions
Vous connaissiez
Ils/Elles connaissaient | Je connaîtrai
Tu connaîtras
Il/Elle/On connaîtra
Nous connaîtrons
Vous connaîtrez
Ils/Elles connaîtront | Connais

Connaissons
Connaissez |

 Ce verbe peut aussi s'écrire **connaitre**, sans accent circonflexe sur le **i** lorsqu'il est suivi d'un **t**.

| **Mettre** | Je mets
Tu mets
Il/Elle/On met
Nous mettons
Vous mettez
Ils/Elles mettent | J'ai mis
Tu as mis
Il/Elle/On a mis
Nous avons mis
Vous avez mis
Ils/Elles ont mis | Je mettais
Tu mettais
Il/Elle/On mettait
Nous mettions
Vous mettiez
Ils/Elles mettaient | Je mettrai
Tu mettras
Il/Elle/On mettra
Nous mettrons
Vous mettrez
Ils/Elles mettront | Mets

Mettons
Mettez |

LES VERBES EN -ENDRE

| **Prendre** | Je prends
Tu prends
Il/Elle/On prend
Nous prenons
Vous prenez
Ils/Elles prennent | J'ai pris
Tu as pris
Il/Elle/On a pris
Nous avons pris
Vous avez pris
Ils/Elles ont pris | Je prenais
Tu prenais
Il/Elle/On prenait
Nous prenions
Vous preniez
Ils/Elles prenaient | Je prendrai
Tu prendras
Il/Elle/On prendra
Nous prendrons
Vous prendrez
Ils/Elles prendront | Prends

Prenons
Prenez |

 Les verbes **comprendre**, **apprendre**, etc., se conjuguent de la même façon.

| **Attendre** | J'attends
Tu attends
Il/Elle/On attend
Nous attendons
Vous attendez
Ils/Elles attendent | J'ai attendu
Tu as attendu
Il/Elle/On a attendu
Nous avons attendu
Vous avez attendu
Ils/Elles ont attendu | J'attendais
Tu attendais
Il/Elle/On attendait
Nous attendions
Vous attendiez
Ils/Elles attendaient | J'attendrai
Tu attendras
Il/Elle/On attendra
Nous attendrons
Vous attendrez
Ils/Elles attendront | Attends

Attendons
Attendez |

 Les verbes **rendre**, **dépendre**, etc., se conjuguent de la même façon.

Unité 1
Connexions

Piste 1 - Leçon 1. Activité 2C

- **Journaliste :** Bonjour. Je peux te poser quelques questions sur ton utilisation d'Internet ?
- **Baptiste :** Oui, si vous voulez, oui.
- **Journaliste :** Est-ce que tu utilises Internet ?
- **Baptiste :** Oui, ça m'arrive.
- **Journaliste :** Comment tu vas sur Internet ?
- **Baptiste :** En général, je me connecte avec un ordinateur. Ça m'arrive d'utiliser une tablette ou un smartphone.
- **Journaliste :** D'accord. Et tu te connectes où ?
- **Baptiste :** Ben chez moi. Des fois au collège ou chez des amis.
- **Journaliste :** Et tu te connectes combien de fois par jour ou par semaine ?
- **Baptiste :** Je dirais deux ou trois fois par semaine. J'ai des copains qui utilisent beaucoup Internet. Mais moi, je ne suis pas très connecté.
- **Journaliste :** Pourquoi ? Tu n'aimes pas les technologies ?
- **Baptiste :** Je préfère le sport. J'aime bouger ; j'aime être dehors. Je vis très bien sans Internet. D'ailleurs, je dois y aller : j'ai un match à six heures.
- **Journaliste :** Alors, bonne chance pour le match et merci pour tes réponses !
- **Baptiste :** De rien. Au revoir !

Piste 2 - Leçon 2. Activité 2B

- **Père d'Arthur :** Allô ?
- **Chloé :** Allô, c'est moi !
- **Père d'Arthur :** C'est qui « moi » ? C'est de la part de qui ?
- **Chloé :** Excusez-moi, c'est Chloé. J'ai trop l'habitude du portable. Est-ce que je pourrais parler à Arthur, s'il vous plaît ?
- **Père d'Arthur :** Oui, je te le passe.
- **Arthur :** Salut Chloé ! Pourquoi tu m'appelles sur le fixe ?
- **Chloé :** On m'a volé mon portable et j'ai perdu tous mes contacts. Je n'ai plus aucun numéro. C'est pour ça que je t'appelle. Tu peux me redonner ton numéro ?
- **Arthur :** Maintenant ? Tu as de quoi noter ?
- **Chloé :** Vas-y.
- **Arthur :** C'est le 07 18 24 30 21.
- **Chloé :** Cool. Merci.
- **Arthur :** Et toi, tu as gardé le même numéro ?
- **Chloé :** Oui, c'est toujours le même. Bon, je te laisse. Ce soir, il faut que j'appelle Karim, Lucie et tous les autres. Je te rappelle demain. Ciao !
- **Arthur :** Ciao ! À demain.

Piste 3 - Leçon 3. Activité 2B

- **Élodie :** Ben qu'est-ce qui t'arrive ?
- **Yann :** Pfff... Je hais Internet.
- **Élodie :** Mais non, c'est génial, Internet ! Pourquoi tu dis ça ?
- **Yann :** Ma copine est tout le temps en train de jouer, de chatter, de surfer. On ne se voit jamais. Je hais Internet.
- **Élodie :** Ouais, mais toi aussi tu utilises Internet tout le temps. Les messages, la musique, les vidéos, tout ça, c'est sur Internet. On a de la chance d'avoir Internet.
- **Yann :** Moi je pense que c'est nul. On n'est jamais tranquilles avec Internet. On n'est jamais tout seuls.
- **Élodie :** Oui, là, je suis d'accord avec toi. Mais il faut savoir s'arrêter aussi. Dis à ta copine de couper son portable.
- **Yann :** Facile à dire... Tiens, voilà Nora, je suis sûr qu'elle pense comme moi. On va lui demander. Salut Nora, tu trouves que c'est bien, Internet ?
- **Nora :** Euh... Je ne sais pas. C'est comme tout, non ? Ça a des bons et des mauvais côtés.

Piste 4 - Phonétique

1. Je lis tous les forums sur ce thème.
2. Tu aimes ce blog d'informatique ?
3. Il faut éteindre les portables.
4. J'adore ce logiciel.

Unité 2
Toute la vie

Piste 5 - Leçon 1. Activité 2B

- **Journaliste :** Nous accueillons aujourd'hui Carole Alesi, reporter de guerre. Bonsoir Carole.
- **Carole Alesi :** Bonsoir.
- **Journaliste :** Vous avez couvert de nombreux conflits depuis 20 ans. Vous avez commencé très jeune ?
- **Carole Alesi :** J'ai commencé comme caméramane pour une télévision genevoise. Au début, j'ai fait quelques reportages en Suisse. Et puis, en 1999, ma cheffe m'a

Transcriptions

demandé de remplacer un collègue dans les Balkans et j'ai dit oui. C'est comme ça que j'ai découvert ma vocation.

● **Journaliste :** Qu'est-ce qui vous a plu dans ce métier ?

○ **Carole Alesi :** J'ai compris qu'on doit se battre contre l'indifférence. Il faut dire ce qui se passe dans les pays en guerre, donner la parole aux personnes qui souffrent. Un reportage ne peut pas changer le monde, mais il aide un peu à le comprendre. Je l'espère en tout cas.

● **Journaliste :** Vous risquez votre vie à chaque reportage...

○ **Carole Alesi :** Oui. On ne peut pas faire autrement. D'ailleurs j'ai été blessée en 2006. Mais je n'ai pas arrêté : j'ai continué. Les populations des pays en guerre passent des années et des années dans la terreur. Il ne faut pas les oublier.

● **Journaliste :** Vous avez souvent peur ?

○ **Carole Alesi :** Oui, oui, bien sûr. Avant de partir surtout, j'ai peur. Après, quand je suis sur place, c'est différent. J'ai rencontré des gens tellement courageux et généreux, même dans des situations terribles ! En 2014, une famille m'a sauvé la vie en me cachant dans sa maison.

○ **Journaliste :** Merci Carole Alesi pour votre témoignage.

○ **Carole Alesi :** De rien. Merci à vous de m'avoir invitée.

Piste 6 - Leçon 2. Activité 2A

● **Clément :** Vous savez jouer au « Détecteur de mensonges » ?

○ **Sandra :** Oui ! Chaque personne raconte une expérience vraie ou fausse. Les autres doivent deviner si c'est vrai ou si c'est faux. Celui qui devine la vérité gagne un point. On joue ?

■ **Julien :** D'accord !

○ **Sandra :** Je commence ! Alors... J'ai déjà mangé des insectes.

● **Clément :** Non, ce n'est pas vrai. Tu n'as jamais mangé d'insectes.

■ **Julien :** Si, si ! C'est vrai ! Tu en as mangé quand tu es allée en Thaïlande !

○ **Sandra :** Oui, exactement ! Maintenant c'est à toi !

■ **Julien :** D'accord. Mmmm... Je suis déjà sorti dans la rue en pyjama.

● **Clément :** Non, je ne pense pas...

○ **Sandra :** Non, ce n'est pas vrai.

■ **Julien :** Mais si, c'est vrai ! Vous n'êtes jamais sortis dans la rue en pyjama, vous ?

● **Clément :** Bah non... Mais moi j'ai déjà rêvé de ça : d'aller au collège en pyjama.

■ **Julien :** Encore ? C'est la deuxième fois que tu rêves du collège cette semaine.

○ **Sandra :** Tu fais toujours des rêves bizarres, toi.

● **Clément :** Mais non, ce n'est pas vrai ! Je n'ai jamais rêvé de ça. J'ai gagné !

Piste 7 - Leçon 3. Activité 1B

● **Présentateur :** On connaît tous les collections classiques : de timbres, de pièces de monnaie, de cartes postales... Mais il existe toutes sortes de collections. Micro-trottoir au Salon des collectionneurs.

○ **Journaliste :** Excusez-moi Madame. Est-ce que vous faites une collection ?

■ **Femme :** Euh... Oui. Je collectionne les cerfs-volants. Je voyage beaucoup pour mon travail et, dans chaque pays, j'achète un cerf-volant comme souvenir. J'ai commencé à vingt-sept ans, alors j'en ai beaucoup. De toutes les tailles et de toutes les couleurs.

○ **Journaliste :** Merci Madame. Pardon Monsieur. Bonjour. Vous avez une collection ?

□ **Homme :** Oui, mais... J'ai arrêté. J'ai collectionné les hérissons pendant longtemps.

○ **Journaliste :** Les hérissons ? Comment ça ?

● **Homme :** Mais non, pas des vrais hérissons. Des hérissons en verre, en bois, en plastique, en métal... J'aime beaucoup les hérissons ; ils me rappellent mon enfance. Mais j'ai arrêté de les collectionner l'année dernière. On m'a offert un hérisson géant pour mes quarante ans et je (ne) sais plus où les mettre.

○ **Journaliste :** Bon courage ! Et toi ? Tu collectionnes quelque chose ?

● **Adolescente :** Oui. Je collectionne les mots.

○ **Journaliste :** Tu collectionnes les mots ?

● **Adolescente :** Oui. Quand je trouve un mot que j'aime, je le mets dans ma collection pour ne pas l'oublier. J'ai des cahiers pour les mots qui sont beaux, un pour les mots drôles, un pour les mots bizarres. J'ai commencé à douze ans et, aujourd'hui, j'ai des centaines de mots.

○ **Journaliste :** Ils sont toujours en français ?

● **Adolescente :** Non, non. J'ai décidé de collectionner des mots en plusieurs langues. Tous les mots que je trouve jolis ou intéressants, en fait. Aujourd'hui, par exemple, j'ai trouvé le mot « *gioia* », ça veut dire « joie » en italien.

Piste 8 - Phonétique

1. Faire des reportages, c'est ma passion.

2. J'adore les cerfs-volants.

3. Il collectionne les cailloux blancs.

4. Tu dis des mensonges.

Unité 3
Remonter le temps

Piste 9 - Leçon 1. Activité 1B

- **Estelle :** Regarde Joanna, j'ai retrouvé l'album de quand on était petites !
- **Joanna :** C'est dingue ! T'as trop changé ! Tes cheveux étaient beaucoup plus bouclés que maintenant.
- **Estelle :** Les tiens, c'est tout le contraire. Tu les avais moins bouclés qu'aujourd'hui.
- **Joanna :** On était tout le temps en jupes ou quoi ? Regarde. On a des robes sur toutes les photos.
- **Estelle :** Je (ne) sais pas pourquoi on portait autant de robes, petites. Peut-être que les adultes nous offraient plus de robes. En tout cas, maintenant, je préfère les jeans. C'est bien de grandir.
- **Joanna :** Regarde là : je (ne) jouais pas encore de la guitare, mais j'aimais déjà chanter. Je crois que j'étais moins timide avant.
- **Estelle :** Moi je suis toujours aussi timide. Et pourtant je fais plus de sport.
- **Joanna :** Tu crois vraiment que le sport, ça rend moins timide ? Non. Bien sûr que non.
- **Estelle :** En tout cas, toi, tu n'es pas plus sympa avec ta sœur.

Piste 10 - Leçon 2. Activité 1B

- **Mathieu :** Ah, t'es là Mamie ? Qu'est-ce que tu fais ?
- **Mamie :** Je fais juste un peu de tri. Il y a trop de choses dans cette maison.
- **Mathieu :** C'est quoi ce truc ?
- **Mamie :** C'est une machine à écrire. Tu n'en as jamais vu ?
- **Mathieu :** Elle était à qui ?
- **Mamie :** Elle était à nous. Avant d'avoir un ordinateur, ton grand-père et moi, on tapait les lettres à la machine.
- **Mathieu :** Et ça, c'est un appareil photo ?
- **Mamie :** Oui, un polaroïd. Il était à ta mère. Il est toujours à ta mère d'ailleurs : tu vas lui rendre. Regarde. On appuyait là, on attendait seulement une minute, et la photo sortait de l'appareil. C'était une révolution à l'époque !
- **Mathieu :** C'est cool... Ils sont marrants, ces rollers !
- **Mamie :** Les patins à roulettes de ta tante Julia. Tu les veux ?
- **Mathieu :** Non, c'est bon, je préfère mon skate !
- **Mamie :** Tiens, passe-moi ces cassettes, là. Elles étaient aussi à ta tante. On n'écoute plus de cassettes aujourd'hui. Il n'y a que les vinyles qui sont revenus à la mode. Et ça, c'était le Rubik's cube de ton oncle. Il l'avait reçu pour son anniversaire. Tiens, il est à toi.
- **Mathieu :** Cool ! Merci !

Piste 11 - Leçon 3. Activité 2B

- **Lena :** T'as vu, le premier vélo, il n'avait pas de pédales, on avançait avec les pieds.
- **Vincent :** Ils ne devaient pas aller très loin avec ça...
- **Lena :** Mais bon, il avait déjà les roues, la selle et le guidon. C'est pas mal.
- **Vincent :** Ah celui-là a des pédales, mais elles sont sur la roue avant. Vélocipède, il s'appelle. « Vélo », ça doit venir de là. Il est quand même trop bizarre !
- **Lena :** Attends, celui-là, il est pire ! T'as déjà vu un vélo pareil ?
- **Vincent :** Waouh ! Elle est énorme sa roue. La classe ! T'imagines arriver au collège avec ça ?
- **Lena :** Celui-là, il ressemble à mon vélo. Comment il s'appelle ? La Petite Reine. Inventé en... 1884. En fait, les vélos d'avant, ils (n')étaient pas très différents des vélos d'aujourd'hui.
- **Vincent :** Ouais, c'est vrai. Mais je crois que les vélos d'aujourd'hui sont mieux. Plus légers, plus rapides. Ah tiens, t'as vu ? Le premier BMX !
- **Lena :** Ah ouais ? Je savais pas que le BMX était plus ancien que le VTT.
- **Vincent :** Moi non plus ! 1973, le premier VTT. C'est vieux.

Piste 12 - Phonétique

- Je dois y aller ; on se rappelle plus tard ?
- Ça marche. À plus !

- Où est-ce qu'il est maintenant ?
- Dans une petite ville à l'Est de Québec.

- Tu as les billets pour le concert ?
- Les voilà.
- Génial ! Tu es un as !

- Tous les garçons n'aiment pas le foot.
- C'est vrai, mais dans ma famille, filles ou garçons, on l'aime tous.

Unité 4
Après la pub

Piste 13 - Leçon 1. Activité 1B

- **Fred :** T'as reçu un message ?
- **Dominique :** Non, c'est juste de la pub. Je reçois tous les jours des messages de pub sur mon portable. Je ne sais pas comment les bloquer.

Transcriptions

- **Fred :** C'est fou ce qu'on peut recevoir comme pub ! En fait, il y a de la pub partout. Dans le bus, on voit des pubs. À la radio, il y a aussi des pubs. Et même au cinéma. On n'est jamais tranquilles nulle part.
- **Dominique :** Le pire, je crois que c'est sur Internet. Je dois recevoir 30 mails de publicité par semaine. J'en ai marre.

Piste 14 - Leçon 2. Activité 1A

1. Vous avez envie de découvrir des plats exotiques ou épicés ? Laissez-vous tenter par les délicieuses recettes de Saveurs du Monde ! Saveurs du Monde, goûtez le monde entier.

2. Tu en as marre de baisser le son ? Achète-toi un casque ! Le moins bruyant, le plus silencieux des casques, pour écouter toute la musique que tu veux. Le casque Kasko : pour avoir la paix.

3. ● En voyage, j'ai besoin de dormir. Sinon, bonjour la fatigue à l'arrivée. Mais je ne peux pas dormir dans le train ou dans le bus. Et le pire, c'est l'avion.
   ○ Emporte un oreiller Voyageur ! Il est très confortable, et en plus, touche : il est tout doux. Un oreiller Voyageur, ça change tout !

4. Fêtez la nouvelle année avec un feu d'artifice ! Les couleurs les plus vives et les plus brillantes pour une fête multicolore ! Les feux d'artifice, ça fait rêver.

5. Fleur d'oranger, citron, extrait de pamplemousse et une pointe d'iris. Mmm… ça sent bon. Un parfum léger et fruité comme un soir d'été. Zeste : le nouveau parfum de Núria.

Piste 15 - Leçon 3. Activité 2B

- **Journaliste :** Bonsoir Sylvie Mayenne. Vous êtes présidente d'une association contre la consommation, c'est bien ça ?
- **Sylvie Mayenne :** Presque. C'est surtout une association pour la consommation responsable.
- **Journaliste :** Pourquoi cette association ?
- **Sylvie Mayenne :** Parce qu'on consomme trop. Les publicités nous disent que, pour être heureux, il faut avoir le meilleur ordinateur, porter les vêtements les plus chers ou changer de téléphone portable tous les six mois. Ce n'est pas vrai.
- **Journaliste :** Les consommateurs croient vraiment les publicités ?
- **Sylvie Mayenne :** Je ne sais pas. Mais on ne se pose pas assez de questions. Il faut se demander : d'où vient ce produit ? Comment a-t-il été fabriqué ? Est-ce qu'il a été fabriqué par des enfants ? Où va l'argent que je dépense ? Et aussi : est-ce que j'ai besoin de ce produit ? Est-ce que j'ai vraiment envie de l'acheter ?

- **Journaliste :** Si je comprends bien, consommer responsable, c'est réfléchir avant d'acheter.
- **Sylvie Mayenne :** Oui. Tout à fait. Les consommateurs ont du pouvoir. Mais ils ne l'utilisent pas assez. Si chacun de nous consomme mieux, on peut rendre le monde meilleur. On est assez nombreux et assez forts pour changer les choses.

Piste 16 - Phonétique

1. Il est antipub !
2. J'aime bien celle-là.
3. Il faut penser avant d'acheter.
4. J'ai vu cette pub sur Internet.

Unité 5
Suspense…

Piste 17 - Leçon 1. Activité 2B

- **Norma :** Tu lis quoi en ce moment ?
- **Redouane :** Je suis en train de lire un livre génial. Un roman d'Agota Kristof.
- **Norma :** Je ne connais pas. Qu'est-ce que ça raconte ?
- **Redouane :** C'est deux jumeaux qui vivent dans un pays en guerre. Et eux, ils sont tout seuls, ils n'ont plus de parents. Alors ils doivent apprendre à survivre. Et ils écrivent tout ce qui leur arrive dans un grand cahier. J'aime beaucoup comment c'est écrit. Et toi ? Tu lis quoi ?
- **Norma :** Je viens de finir *Matin brun*. Tu l'as lu ?
- **Redouane :** Le titre me dit quelque chose… Ça parle de quoi ?
- **Norma :** D'une société horrible où tout doit être brun.
- **Redouane :** Ah oui ! Je l'ai lu. Il est super bien.

Piste 18 - Leçon 2. Activité 2A

1. *Bruit de la pluie.*
2. *Porte qui grince.*
3. *Tic-tac d'un réveil ou d'une horloge.*
4. *Battements du cœur.*

Piste 19 - Leçon 3. Activité 1B

- **Agatha :** Et ensuite, qu'est-ce qui se passe ?
- **Arsène :** Ben après avoir croisé le loup, le Petit Chaperon Rouge continue sa route, tranquille. Pendant ce temps, le loup arrive chez la grand-mère et la mange. Et quand la fille arrive, il la mange aussi.
- **Agatha :** Oh non, j'aime pas cette fin. Ça finit trop mal !

○ **Arsène :** Ben ça finit comme ça dans le conte de Perrault. Sinon, on peut reprendre la version avec le chasseur. Elle finit mieux.

● **Agatha :** Et pourquoi on n'écrit pas notre version ? Les contes sont à tout le monde. On peut choisir la fin qu'on veut.

○ **Arsène :** Tu veux réécrire le conte ?

● **Agatha :** Juste la fin. On peut dire qu'ils arrivent presque en même temps. La grand-mère les voit arriver. Elles ont compris, toutes les deux, que le loup voulait les manger. Alors la grand-mère sort son revolver, elle le donne à la fille et... Pan ! Adieu le loup !

○ **Arsène :** Comme ça, il ne peut plus manger personne. OK. Ça me va. On prend cette fin, elle est plus cool que les autres.

Piste 20 - Phonétique

1. Je veux écouter la suite.

2. Le personnage a peur.

3. J'ai envie de savoir la fin.

4. J'ai fini le livre d'Alicia.

5. Ce roman est génial !

Unité 6
À demain !

Piste 21 - Leçon 1. Activité 2B

● **Journaliste :** Bonjour, vous savez ce que vous ferez plus tard ?

○ **Jeune 1 :** Je serai pâtissier, c'est sûr ! Je ferai des desserts, des gâteaux, surtout des desserts au chocolat et au caramel. J'adore les desserts au caramel !

■ **Jeune 2 :** Euh... Je crois que je serai astronaute. Je voyagerai dans l'espace, au milieu des étoiles. Je découvrirai peut-être de nouvelles planètes. Qui sait ?

□ **Jeune 3 :** Moi je sais ! Je serai cascadeuse, dans les films. Je ferai les scènes d'action, de combats, les scènes difficiles que les acteurs ne peuvent pas faire.

✹ **Jeune 4 :** Peut-être que je serai médecin. Je ne suis pas encore sûr. Mais ça me plairait de soigner les gens, je crois.

✴ **Jeune 5 :** Alors, moi, je n'ai aucune idée ! Je ne sais pas du tout ce que je ferai plus tard. Mais j'ai le temps d'y penser, non ?

Piste 22 - Leçon 2. Activité 2B

● **Axelle :** Alors, dans ma ferme verticale, il y aura des produits qui viennent du monde entier : des mangues indiennes, des goyaves antillaises, des abricots suisses,

des figues tunisiennes et d'autres encore. On pourra faire des jus de fruits internationaux.

○ **Victor :** Dans la mienne, il n'y aura que des produits verts, parce que c'est la couleur de l'espoir. Donc les légumes seront des haricots et des salades. Les fruits seront des pastèques et des pommes vertes.

■ **Séréna :** La mienne, ce sera une ferme parfumée. On n'y cultivera que des produits qui sentent bon : surtout des citrons, de la menthe, du jasmin et de la vanille. Comme ça, on pourra créer des parfums naturels en ville.

Piste 23 - Leçon 3. Activité 2B

Astronome : Kepler 452b est quatre fois plus grosse que la Terre. Comme notre planète, elle tourne autour d'une étoile, qui a la même température que notre soleil. Mais il lui faut 385 jours pour faire le tour de son étoile. Donc une année là-bas dure 20 jours de plus qu'une année ici. C'est certainement une planète rocheuse, avec des montagnes et des volcans. Sur Terre, il y a de la vie parce qu'il y a de l'eau : des océans, des rivières, des lacs, de l'eau dans l'atmosphère et sous la terre. Y a-t-il de l'eau sur Kepler 452b ? On ne le sait pas encore, parce qu'elle est très loin d'ici : à 490 années-lumière, c'est-à-dire à 13 millions de milliards de kilomètres de la Terre. Donc on n'est pas près d'aller vivre là-bas ; on va rester là pour l'instant. Et s'il y a des êtres vivants sur Kepler 452b, on ne va pas les rencontrer tout de suite.

Piste 24 - Phonétique

1. On sera très bien ici.

2. C'est impossible !

3. On ne sera jamais immortels.

4. Plus tard, je veux être footballeuse !

Le monde de la Francophonie

Canada

Canada
Québec

Canada
Nouveau-
Brunswick

Saint-Pierre-et-Miquelon (Fr.)

OCÉAN ATLANTIQUE

Mexique

Rép. dominicaine

Haïti

Guadeloupe (Fr.)
Dominique
Martinique (Fr.)
Sainte-Lucie

Costa Rica

Guyane (Fr.)

OCÉAN PACIFIQUE

Polynésie française (Fr.)

Wallis-et-Futuna (Fr.)

Uruguay

Maroc

Tunisie

Cap-Vert

Mauritanie

Mali

Niger

Sénégal

Guinée-Bissau

Guinée

Burkina
Faso

Bénin

Côte
d'Ivoire

Togo

Came

Ghana

Guinée équatoriale

São Tomé-et-Príncipe

G

54 États et gouvernements membres de l'OIF

Albanie • Principauté d'Andorre • Arménie • Royaume de Belgique • Bénin • Bulgarie • Burkina Faso • Burundi • Cambodge • Cameroun • Canada • Canada-Nouveau-Brunswick • Canada-Québec • Cap-Vert • République centrafricaine • Comores • Congo • République démocratique du Congo • Côte d'Ivoire • Djibouti • Dominique • Égypte • Ex-République yougoslave de Macédoine • France • Gabon • Grèce • Guinée • Guinée-Bissau • Guinée équatoriale • Haïti • Laos • Liban • Luxembourg • Madagascar • Mali • Maroc • Maurice • Mauritanie • Moldavie • Principauté de Monaco • Niger • Roumanie • Rwanda • Sainte-Lucie • Sao Tomé-et-Principe • Sénégal • Seychelles • Suisse • Tchad • Togo • Tunisie • Vanuatu • Vietnam • Fédération Wallonie-Bruxelles

3 États associés

Chypre • Ghana • Qatar

23 États observateurs

Autriche • Bosnie-Herzégovine • Costa Rica • Croatie • République dominicaine • Émirats arabes unis • Estonie • Géorgie • Hongrie • Kosovo • Lettonie • Lituanie • Mexique • Monténégro • Mozambique • Pologne • Serbie • Slovaquie • Slovénie • République tchèque • Thaïlande • Ukraine • Uruguay

Estonie
Lettonie
Lituanie
Pologne
Belgique
Féd. Wallonie-Bruxelles
Luxembourg
Rép. tchèque
Ukraine
Slovaquie
France
Suisse
Autriche
Hongrie
Moldavie
Slovénie
Roumanie
Croatie
Bosnie-Herzégovine
Serbie
Monaco
Monténégro Kosovo
Bulgarie
Andorre
Albanie
Ex-Rép. yougoslave de Macédoine
Grèce
Chypre

Géorgie
Arménie
Liban
Égypte
Qatar
Émirats arabes unis
Djibouti
fricaine
dém.
ongo
Rwanda
Burundi
Seychelles
Comores
Mayotte (Fr.)
Mozambique
Maurice
Madagascar
Réunion (Fr.)

Vietnam
Laos
Thaïlande
Cambodge

OCÉAN INDIEN

Vanuatu

Nouvelle-Calédonie (Fr.)

Produit par l'OIF, Direction de la communication et des partenariats • Conception LUCIOLE • Février 2015

Organisation internationale de la Francophonie (siège, Paris)

▲ Représentations permanentes (Addis-Abeba, Bruxelles, Genève, New York)

■ Bureaux régionaux (Bucarest, Haïti, Hanoi, Libreville, Lomé)

✺ Institut de la Francophonie pour le développement durable (IFDD, Québec)

◔ Assemblée parlementaire de la Francophonie (APF, Paris)

Agence universitaire de la Francophonie (AUF)
◯ Rectorat et siège (Montréal)
▲ Rectorat et services centraux (Paris)

5 TV5MONDE (Paris)
5 TV5 Québec Canada (Montréal)

∪ Université Senghor (Alexandrie)

◎ Association internationale des maires francophones (AIMF, Paris)

▲ Conférence des ministres de l'Éducation de la Francophonie (Confémen, Dakar)

▲ Conférence des ministres de la Jeunesse et des Sports de la Francophonie (Conféjes, Dakar)

À PLUS 2

Livre de l'élève - Niveau A2.1

AUTEURS
Katia Brandel (unités 3 et 5), Ana Castro Benítez (unités 2 et 4), Antony Sevre (unités 1 et 6), Raphaële Fouillet (grammaire), Gwendoline Le Ray (jeux), Sophie Lhomme (DNL)

AUTEURES DE *POURQUOI PAS ! 2*
Michèle Bosquet, Yolanda Rennes, Marie-Françoise Vignaud

RÉVISION PÉDAGOGIQUE
Katia Coppola

COORDINATION ÉDITORIALE
Marie Rivière

RECHERCHES ICONOGRAPHIQUES
Aurélie Buatois

ILLUSTRATIONS
Laura Desiree Pozzi (p. 26, 54, 85 et jeux p. 95-100)

REPORTAGE PHOTOGRAPHIQUE
Marie Rivière et Estelle Foullon

COUVERTURE
Luís Lujan

CONCEPTION GRAPHIQUE
Xavier Carrascosa, Roser Cerdà

MISE EN PAGE
Aleix Tormo Trilla

CORRECTION
Sarah Billecocq

ENREGISTREMENTS
Blinds Records

VIDÉOS
Unité 1 : *N'oublie pas: une fois affiché, c'est permanent !*, Réseau de santé Vitalité du Nouveau-Brunswick et adosanté.org, 2010. Avec l'aimable autorisation du Réseau de santé Vitalité.
Unité 2 : *Draw my Life* de Natacha Birds, 2013.
Unité 3 : « Jeux de rôles » de François-Julien Piednoir, Jean-Marc Nouck Nouck et Sébastien Lefur, *20 heures le journal*, France 2, 16/10/2005. © INA.
Unité 4 : « Antipubs au métro Plaisance », *Télé Bocal*, TéléBocal.org, 01/12/2015.
Unité 5 : *Millénium: les coulisses d'un feuilleton radio* de Laurence Le Saux et Pierrick Allain, Télérama, 2012.
Unité 6 : *Nao le petit robot*, présentation d'un robot d'Aldebaran Robotics, par MyD-Business Accenture, 2011. Avec l'aimable autorisation de MyD-Business Accenture.

REMERCIEMENTS
Un merci tout particulier à Estelle Foullon, Virginie Karniewicz et Núria Murillo pour leur soutien sans faille. Qu'ils aient prêté main forte ou donné des coups de pouce, merci à Séverine Battais, Anne-Laure Bertrand, Mateo Caballero, Francesca Coltraro, Vinciane Devaux, Oscar García Ortega, Xavier Guitart, Emilio Marill, Eva Martí, Antonio Melero, Charline Menu, Julie Monbet, Aurélie Muns, Núria Murillo, Clara Serfaty, Gaëlle Suñer, Laia Sant, Sergi Troitiño. Pour leurs contributions à l'authenticité de ce manuel, nous remercions vivement les Éditions de l'Archipel, Sophie Bachman de l'INA, Natacha Birds, les Brigades antipubs, Ginebra Caballero, Dany Caligula, Casseurs de pub, Fairphone, les Éditions Gallimard, Marcos Gascó, Thomas Gauthier, Nine Gorman, les Éditions Issekinicho, Jacqueline Karniewicz, MyD-Business Accenture, la famille Pochat-Mahmoudi, Rageot Éditeur, le Réseau de santé Vitalité, Neus Sans Baulenas, Joseph Sardin, Short Édition et Télé Bocal. Merci enfin à nos « voix » et à nos modèles, disponibles et sympathiques.

Crédits (photographies, images et textes)
Carte : p. 3 Brad Pict/Fotolia. **Unité 1** : p. 11 Marie Rivière/Difusión ; p. 12 Slimt/iStock ; Virginie Karniewicz/Difusión ; Thodonal /Dreamstime ; Andrey Popov/Dreamstime ; Difusión ; Marie Rivière, avec l'aimable autorisation de Ginebra Caballero ; p. 13 Edyta Pawlowska/Dreamstime ; p. 14 Diane Diederich/iStock ; p. 15 pkline/iStock ; OJO_Images/iStock ; p. 16 Anton Zhuravkov /Dreamstime ; Rudall30/Dreamstime ; Jason Stitt/Dreamstime ; Pavel Losevsky/Dreamstime ; p. 17 Marie Rivière/Difusión ; JLGutierrez/iStock ; Tom Wang/Dreamstime ; p. 21 Pojoslaw /Dreamstime ; p. 22 Chris Schmidt/iStock. **Unité 2** : p. 23 Marie Rivière/Difusión ; p. 24 Photographerlondon/Dreamstime ; p. 25 ljiljana2004/iStock ; blackjake/iStock ; bjones27/iStock ; p. 26 Laura Desirée Pozzi/Difusión ; Laura Desirée Pozzi/Difusión ; p. 27 Marie Rivière/Difusión ; p. 28 Jon Sullivan/Wikimedia Commons ; Klmircea/Wikimedia Commons ; Yadali/Fotolia ; Ilya Postnikov /Dreamstime ; Dan Breckwoldt/Dreamstime ; Marie Rivière/Difusión ; Neus Sans Baulenas/avec l'aimable autorisation de Neus Sans Baulenas ; p. 32/Dmitry Rogatnev /Dreamstime ; Nine Gorman (https://www.youtube.com/user/LesLecturesdeNiNe)/avec l'aimable autorisation de Nine Gorman ; capture d'écran de la vidéo «Ma propre émission de télé ? (Mise au point)», 07/07/2015, avec l'aimable autorisation de Thomas Gauthier (http://www.thomasgauthier.ca) ; p. 33 capture d'écran de « Le corps et le cosmos » de la série *Doxa* (13/03/2015, http://www.solitudes.fr) par Dany Caligula - Licence CC0 / ; p. 34/Casarsa/iStock. **DNL 1 & 2** : p. 36 Romainhk/Wikimedia Commons ; Zscout370, Sertion, e.a./Wikimedia Commons ; Sean Martell d'après Anthony Piraino d'après Jon Hicks pour Mozilla/Wikimedia Commons ; Yarnalgo (talk), User:Nicosmos, Erik Spiekermann (FF Meta) pour Mozilla/Wikimedia Commons ; The Document Foundation/Wikimedia Commons ; The GIMP's art/developer team/Wikimedia Commons ; Vaughan Johnson - Audacity/Wikimedia Commons ; WordPress/Wikimedia Commons ; Richard C. G. Øiestad - VideoLAN/Wikimedia Commons ; p. 37 Ronfromyork /Dreamstime ; Fotomy/Dreamstime ; Ekaterina Pokrovsky /Dreamstime ; Petegar/iStock ; ying_lin/iStock ; Linda Steward/iStock ; ilbusca/iStock ; Linda Steward/iStock ; ilbusca/iStock ; p. 38 Xavier Arnau/iStock. **Unité 3** : p. 39 Marie Rivière/Difusión ; p. 40 photos reproduites avec l'aimable autorisation de la famille Pochat-Mahmoudi ; p. 41 Dyaa Eldin/Unsplash ; 42/Sarah Joy/Wikimedia Commons ; LjL/Wikimedia Commons ; Mrchan/Dreamstime ; Davidtb/Dreamstime ; cjmckendry/iStock ; Halfpoint/iStock ; corolanty/iStock ; martinedoucet/iStock ; corolanty/iStock ; Steve Debenport/iStock ; 43 carte reproduite avec l'aimable autorisation de Jacqueline Karniewicz ; p. 44 bravo1954/iStock ; Frans Pourbus le Jeune/Wikimedia Commons ; anonyme (Pierre et Marie Curie vers 1904)/Wikimedia Commons ; anonyme (affiche pour la présentation de « Haïti » de William Du Bois au Théâtre Copley, 1938)/Wikimedia Commons ; p. 45 Hélène Rival/Wikimedia Commons ; Al2 (traduction : Berrucomons)/Wikimedia Commons ; U.S. Air Force photo by Airman 1st Class Kyle Gese/Wikimedia Commons ; The Conmunity - Pop Culture Geek/Wikimedia Commons ; p. 48 Diacritica /Wikimedia Commons ; p. 49 RalfHuels (photographe), Anja Arenz, Chris Kunz, Dossmo, Niamh, Paolo Tratzky, Svenja Schoenmackers/Wikimedia Commons ; p. 50 Katia Brandell. **Unité 4** : p. 51 Marie Rivière/Difusión ; p. 52 Petr Jilek/Dreamstime ; William Casey /Dreamstime ; p. 54 5PH/iStock ; Parkportrait/Dreamstime ; artistear/iStock ; sumnersgraphicsinc/iStock ; Joshua Rainey / Dreamstime ; Laura Desirée Pozzi/Difusión ; p. 55 VisualCommunications/iStock ; Burlesck/Dreamstime ; Enzojz/iStock ; ihba/iStock ; FotografiaBasica/iStock ; commonthings/iStock ; p. 56 Dfrg.msc/Wikimedia Commons ; La pinte/Wikimedia Commons ; Olybrius/Wikimedia Commons ; Casseurs de pub/avec l'aimable autorisation de Casseurs de pub ; p. 57 Banksy (photo : QuentinUK)/Wikimedia Commons ; p. 60 Wuka/iStock ; Auteur Inconnu (photo : Bibliothèque du Congrès des États-Unis)/Wikimedia Commons ; Alfons Mucha (photo: Art Renewal Center Museum)/Wikimedia Commons ; p. 61 Erik Khalitov/iStock ; p. 62 Marcos Gascó/(photo : Farrokh_Bulsara /Pixabay). **DNL 3 & 4** : p. 64 Anantha Vardhan/iStock ; p. 65 anonyme (photo : Oxymoron)/Wikimedia Commons ; Gustave Doré/Wikimedia Commons ; Jean Seurat/Wikimedia Commons ; Clemens Pfeiffer/Wikimedia Commons ; Aaron Logan/Wikimedia Commons ; Renphoto/iStock ; Claude Truong-Ngoc/Wikimedia Commons ; Jean-Louis Forain/Wikimedia Commons ; Photo Crafts Shop of Denver/Wikimedia Commons ; allg/iStock ; Henri de Toulouse-Lautrec/Wikimedia Commons ; allg/iStock ; p. 66 mumininan/iStock. **Unité 5** : p. 67 Marie Rivière/Difusión ; FrankRamspott/iStock ; p. 68 Zhenikeyev/iStock ; stocksnapper/iStock ; Mircea Costina/Dreamstime ; FrankRamspott/iStock ; Ivan Bliznetsov/iStock ; Lucyna Koch/iStock ; Tudor Stanica/Dreamstime ; Tommaso79/Dreamstime ; Bastos/Fotolia ; PaulFleet/iStock ; RDaniel12/iStock ; silroby/iStock ; Guruxox /Dreamstime ; kreizihorse/Fotolia ; ozjordonmaz/iStock ; Ryanarya/Dreamstime ; oversnap/iStock ; p. 70 Olga Fedorovska/Dreamstime ; p. 71 Zbigniew Ratajczak /Dreamstime ; Nomadsoul1/Dreamstime ; Roxana Gonzalez/iStock ; Rubysunday/Dreamstime ; bruitages de Joseph Sardin/http://lasonotheque.org ; Anton Starikov /Dreamstime ; Melica/Dreamstime ; Ersin Kisacik/iStock ; Picsfive/Dreamstime ; p. 72 Walter Crane/Wikimedia Commons ; Popmarleo/Dreamstime ; maomage/iStock ; p. 73 Minos, «Duel», 2014 - @ Short Édition/avec l'aimable autorisation de Short Édition ; p. 74 Charles Eliot Norton/Wikimedia Commons ; p. 76 Yahya Idiz/Dreamstime ; couverture de *Le Fantôme de la tasse de thé* reproduite avec l'aimable autorisation des Éditions Issekinicho ; couverture de *Le Silence des géants* reproduite avec l'aimable autorisation des Éditions de l'Archipel ; couverture de *Menace sur le réseau* reproduite avec l'aimable autorisation de Rageot Éditeur ; p. 78 Marie Rivière/Difusión. **Unité 6** : p. 79/Marie Rivière/Difusión ; p. 81 Kriscole/Dreamstime ; Jibmeyer/Dreamstime ; Stockphoto4u/iStock ; marcps/iStock ; p. 82 Nitish Kadam/Unsplash ; Chongkian/Wikimedia Commons ; Jan Seifert/Wikimedia Commons ; RudolfSimon/Wikimedia Commons ; p. 85 Lamiot/Wikimedia Commons ; p. 85 NASA/Ames/JPL-Caltech/Wikimedia Commons ; Laura Desiree Pozzi/Difusión ; p. 88 asuscreative/Wikimedia Commons ; NASA/JPL/Cornell University, Maas Digital LLC/Wikimedia Commons ; Nimur (robot Da Vinci, fabriqué par Intuitive Surgical)/Wikimedia Commons ; foam/Wikimedia Commons ; p. 89 epSos.de/Wikimedia Commons ; p. 90 Roberto Giovannini/Dreamstime. **DNL 5 & 6** : p. 92 Dmstudio /Dreamstime ; couverture de *Poisson d'or* reproduite avec l'aimable autorisation des Éditions Gallimard ; extrait de *Poisson d'or* de J.M.G. Le Clézio reproduit avec l'aimable autorisation des Éditions Gallimard ; p. 93 Fairphone/photo reproduite avec l'aimable autorisation de Fairphone ; p. 94 Susan Chiang/iStock. **Précis** : p. 112 David Revilla/Difusión ; p. 113 David Revilla/Difusión ; Imagination13/Dreamstime. **Carte** : p. 126 LUCIOLE/OIF/OIF.

Tous les textes et documents de cet ouvrage ont fait l'objet d'une autorisation préalable de reproduction. Malgré nos efforts, il nous a été impossible de trouver les ayant-droit de certaines œuvres. Leurs droits sont réservés à Difusión, S. L. Nous vous remercions de bien vouloir nous signaler toute erreur ou omission ; nous y remédierons dans la prochaine édition. Les sites Internet référencés peuvent avoir fait l'objet de changement. Notre maison d'édition décline toute responsabilité concernant d'éventuels changements. En aucun cas, nous ne pourrons être tenus pour responsables des contenus de liens vers des tiers à partir des sites indiqués.

www.emdl.fr/fle

Cet ouvrage est basé sur l'approche didactique et méthodologique mise en place par les auteurs de *Gente joven* et *Pourquoi Pas !*

DANGER
LE PHOTOCOPILLAGE TUE LE LIVRE